ECHZELLER
GESCHICHTSHEFTE

Sonderband 1

Herausgegeben vom

Heimat- und Geschichtsverein Echzell e.V.

2016

Gedruckt mit finanzieller Unterstützung der Gemeinde Echzell

© 2016 Heimat- und Geschichtsverein Echzell e.V.
vertreten durch den Vorstand
Dr. Jochen Degkwitz, 1. Vorsitzender
Dr. Jörg Lindenthal, stv. Vorsitzender
Helmut Noll, Schatzmeister

Bildnachweis:
Die abgebildeten Fotografien wurden von Herbert Stoll, Reichelsheim,
zur Verfügung gestellt

Verlag: tredition GmbH, Hamburg

ISBN
Paperback: 978-3-7345-2326-7

Printed in Germany

Wilhelm Stoll V. (1810 – 1889)

Ernst Philipp Stoll (1843 – 1924)

Philipp Stoll (1874 – 1959)

Die Chronik

der Familie

Stoll

zu Echzell und Gettenau,

genannt „Bennersch"

Digitalisiert von Werner Schneider,
annotiert von Dr. Jochen Degkwitz

Inhalt:

Zur Einführung

„Alles was mir zum Andenken merkwürdige Begebenheiten schien, aufzuschreiben, (W. Stoll V., s. S. 18)" – das haben sich schon viele vorgenommen. Mancher hat es auch getan, und doch hat es in den seltensten Fällen jemand außerhalb des engeren Familienkreises zu Gesicht bekommen, geschweige denn eine größere Öffentlichkeit.

So ist die vorliegende Chronik ein Glücksfall zu nennen. Auch wenn der Zweck des Buches sein sollte, wie Ernst Phillip Stoll 1904 schreibt, „dass es mit der Zeit zu einer richtigen Familienchronik wird", so ist es doch viel mehr als das geworden.

Beginnend mit der „großen Theuerung" des Jahres 1817 – nach dem berüchtigten Jahr ohne Sommer *(1816), ausgelöst durch einen Vulkanausbruch im fernen Indonesien, von dem man hier natürlich nichts wusste – bis zur „Aufhebung der Zwangswirtschaft" zwei Jahre nach der Währungsreform von 1948, schreiben hier drei Männer aus drei Generationen – Vater, Sohn und Enkel – über das Leben in Echzell und Gettenau und über den Gang der Geschichte, wie er hier auf dem Land erlebt wurde.*

Dabei gerät ihnen ihr Bericht zu einer umfassenden Beschreibung des Alltags auf dem Dorf und seines Wandels über fast 150 Jahre hinweg, mit allen Höhen und Tiefen, mit Freude und vor allem Arbeit, Leid und Not. Fast beiläufig halten die Chronisten zudem viele unschätzbare Details zur Ortsgeschichte fest.

So haben die drei Herren Stoll ein bewegendes Zeugnis der Heimatgeschichte geschaffen, das sehr wohl allgemeines Interesse verdient, und so freuen wir uns als der Echzeller Heimatgeschichte verpflichteter Verein, diese Chronik als Sonderband der Echzeller Geschichtshefte *veröffentlichen zu können.*

Ein Glücksfall ist aber nicht nur der Inhalt dieser Chronik, sondern auch die Tatsache, dass sie jetzt veröffentlicht werden kann.

Am 19. November 1950 habe Phillip Stoll, der letzte der drei Autoren und zu diesem Zeitpunkt in seinem 77. Lebensjahr, so ist in unserer Vorlage vermerkt, die handschriftliche Chronik im Umfang von 98 DIN-A4-Seiten an seinen (Groß- [vgl. S. 88]) Neffen Dr. Wilhelm Lindner in Bad Nauheim übereignet. Hier waren die älteren Teile also schon einmal abgeschrieben worden, denn Ernst Philipp schreibt, sein Vater habe seine Aufzeichnungen „in einem Büchlein gemacht" – und man darf annehmen, dass Ernst Phillip selbst der Kopist war.

Über den Verbleib seiner handschriftlichen Chronik, die sein Sohn Philipp fortgeführt hat, ist nichts bekannt. Vermutlich hat Dr. Lindner eine maschinenschriftliche Abschrift des Originals erstellt. Jedenfalls ist der Text als Typoskript zurück nach Echzell an Helmut Stoll aus Gettenau (1938 – 2003) gekommen, einen Enkel von Philipp.

Gelegentlich haben Familienmitglieder diese Chronik Heimatforschern zur Einsichtnahme und Benutzung überlassen. Bereits am 28.7.1932 erschien ein erster Auszug daraus im Gießener Anzeiger, und zwar hat der damalige Echzeller Pfarrer Ernst Siebeck den Bericht von Ernst Philipp Stoll über das Gettenauer Storchennest (S. 53 f.) dort mit einem kurzen eigenen Vorspann veröffentlicht.

Jahrzehnte später erwähnt Dr. Ernst Koch-Grünberg gleich im allerersten Satz, der das erste Echzeller Geschichtsheft *aus dem Jahr 1984 eröffnet, diese „alte Chronik" und zitiert daraus noch auf derselben Seite. Auch Axel Heiderhoff und Frank Laig haben sie für ihren Artikel zum „Bahnbau in Echzell" in Heft 3 aus dem Jahr 1986 benutzen dürfen. Im übrigen aber ist sie im Privatbesitz der Familie geblieben.*

Dort wäre sie wohl in Gefahr gewesen, allmählich in Vergessenheit zu geraten, hätte nicht Helmut Stoll auch eine Kopie der Abschrift in den 1970er Jahren an seinen Cousin Werner Schneider aus Grund-Schwalheim übergeben.

Dieser hat dann Jahrzehnte später, mittlerweile im Ruhestand, das Interesse und die Muße gefunden, das Typoskript auf den PC zu über-

tragen und für die weitläufige Verwandtschaft Ausdrucke davon zu erstellen. Schließlich hat er seine Dateien dem Heimat- und Geschichtsverein Echzell für diese Veröffentlichung zur Verfügung gestellt. Dank und Anerkennung gebühren Werner Schneider für diese Arbeit und seine Großzügigkeit.

Herbert Stoll, dem Bruder des oben genannten Helmut Stoll, danke ich für die Bilder – alle hier wiedergegebenen Fotos stammen aus seinem Besitz. Leider befindet sich darunter kein Bild seines Urgroßvaters Ernst Philipp.

* * *

Der Originaltext wurde für den vorliegenden Buchsatz absichtlich nicht weiter redigiert, insbesondere der originale Sprachduktus wurde unverändert belassen, ebenso die Rechtschreibung, soweit sie nach der Schreibmaschinen-Abschrift noch nachvollziehbar war. Lediglich die Schreibweise des „ss/ß" wurde durchgängig den heutigen Regeln angepasst, denn hierin erweist sich das Typoskript eindeutig als ein Produkt der Nachkriegszeit.*

Eine Erklärung veralteter und gelegentlicher aus dem oberhessischen Dialekt stammender Wörter und Begriffe, die nicht (mehr) als allgemein verständlich angesehen werden können, ist jeweils bei der ersten Verwendung als Fußnote angefügt.

Echzell, im Frühjahr 2016
Dr. Jochen Degkwitz

---

*) Solange man noch Sütterlin schrieb – was wir den Autoren des Originals getrost unterstellen dürfen – schrieb man regelmäßig zwei S, in der Wortmitte zwei lange (z.B. lassen = laſſen), am Wortende ein langes und ein rundes „Schluss-S"(dass = daſs). Mit der lateinischen Schreibschrift wurde für Doppel-S am Wortende die Ligatur „ß" eingeführt, die mit der „neuen Rechtschreibung" nach kurzem Vokal wieder abgeschafft wurde.

Vorwort

Aufzeichnungen über wichtige Begebenheiten, welche zu meinen Lebzeiten sich zugetragen, wollte ich schon vor längerer Zeit machen, es ist aber bis jetzt unterblieben und will ich nun das Versäumte nachholen. Angeregt wurde ich hierzu durch die Aufzeichnungen meines Vaters, welche er in einem Büchlein gemacht hat, und mit diesen Aufzeichnungen will ich in meinem Buch den Anfang machen und dann zu meinen Erlebnissen übergehen. Dabei will ich alles wie es gewesen ist schildern so gut ich es kann und mich dabei streng an die Wahrheit halten, damit ein späterer Leser sagen kann: *„So ist es gewesen."* Ein weiterer Zweck meines Buches soll der sein, dass meine Nachkommen dasselbe weiterführen und alles Wichtige in dasselbe einschreiben, auf dass es mit der Zeit zu einer richtigen Familienchronik wird.

Gettenau, den 27ten November 1904

Ernst Philipp Stoll

Die Aufzeichnungen des
Wilhelm Stoll V.
(1810 – 1889)

Wilhelm Stoll V.
Bürgermeister von Echzell 1853 – 1878

Ältere Vorfahren

Was ich von meinen Vorfahren weiß, will ich Euch nicht vorenthalten. Über unserem Scheuerthor steht die Jahreszahl 1706 und 1717 und der Name Johannes Stoll. Dieser Johannes Stoll hat die Scheuer zweimal neu gebaut, denn 1706 ist eine große Feuersbrunst hier gewesen und da ist die Scheuer abgebrannt und er hat sie wieder gebaut und im Jahr 1716 desgleichen wieder eine, da ist die Scheuer wieder abgebrannt und sie ist im Jahr 1717 wieder aufgebaut worden. In diesen oben genannten zwei Jahren ist ganz Echzell beinahe 2 mal abgebrannt. (Diese großen Brände erklären sich dadurch, dass zu der Zeit noch fast alle Dächer mit Stroh bedeckt waren und auch schlechte Löschgeräte vorhanden waren.) Seit dieser Zeit hat es hier in Echzell nicht wieder gebrannt, ausgenommen Kleinigkeiten, welches aber zu keinem Ausbruch gekommen ist. Wahrscheinlich ist das Haus auch gebaut worden, ich habe aber keine Urkunden darüber. Nur im alten Stall hinter dem Haus ist angebranntes Holz gefunden worden und daraus zu sehen, dass auch dieses damals abgebrannt war. Nach diesem Johannes Stoll kommt Johann Georg Stoll, geb. 1689, gest. 1756. Die Tochter dieses J. Georg Stoll heiratete Johannes Eiser aus Gettenau, geb.1714, gest. 1798. Von diesem J. Eiser wurde unsere Hofreite „Eisershaus" benannt, welcher Name bis heut zu Tage noch immer gilt, obgleich dieselbe schon immer eine „Stollische" war. Dieser Eiser, mein Urgroßvater, hatte zwei Töchter und dieselben heirateten zwei Brüder aus dem Stollischen Haus neben unserem Haus nach Gettenau zu. Mein Großvater, Johannes Wilhelm Stoll, zog herüber und die eine Tochter hinüber in die andere Hofreite.

Dieser, mein Großvater, war geboren 1748, gestorben 1815 und hat mich aus der Taufe gehoben, wo ich den Namen Wilhelm erhielt. Meine Mutter, die Tochter dieses J. Wilh. Stoll war eine einzige Tochter und heiratete meinen Vater J. Georg Stoll aus einer anderen Stollischen Familie. Derselbe war geb. 1774, gest. 1833. So bin ich der sechste wo ich weiß, der in unserer Hofreite wohnt.

Im Jahre 1810 bin ich geboren und im Jahre 1832 habe ich mich verheiratet mit Christine Reitz, des Kollektor[1] Georg Reitz Tochter. Wir bekamen diese Hofreite von meinem Vater käuflich angeschlagen für 1.000 fl[2]. Ich hatte einen Bruder, Heinrich, derselbe war damals verheiratet mit der Tochter des Landwirts und Polizeikommissärs Johannes Groth[3] in Echzell, und eine Schwester, welche nach Melbach an Georg Philippi verheiratet war.

Damals war die **Hofreite** nicht so wie sie heute ist. Ich fing an, dieselbe in einen besseren Stand zu stellen. Das Haus ließ ich reparieren und es wurden alle Stuben und Kammern anders eingerichtet. Der Keller war schlecht, auch sehr klein und ließ ich durchs ganze Haus Keller machen und den Hausöhren[4] gleich machen. Die Schweineställe links der Scheuer ließ ich im Jahre 1847 den unteren Stock mit Nonnenröder Steinen machen, den Hof füllte ich zum Teil aus und ließ vorne vom Thor, so lange wie das Haus ist, pflastern, auch rund um die Ställe wurde gepflastert, ein Pfuhlloch[5] legte ich an, indem sonst der Pfuhl fortfloss, d.h. durch die Scheuer und im Garten musste er versickern, jetzt fahre ich ihn auf die Äcker. Der Garten war sonst schlecht, jetzt ist er trocken, hell und geräumig und geeignet zum Gemüse zu ziehen.

---

[1] Kollektor oder auch Kastenmeister hieß in früherer Zeit der Kirchenrechner

[2] fl.: Abkürzung für den Gulden, ursprünglich die Goldmünze der Stadt Florenz von etwa 3½ Gramm, darum auch Florentiner genannt (französisch Florin), wovon sich das Kürzel ableitet. Das x im Folgenden steht für den Kreuzer; der Gulden hat 60 Kreuzer. Zu den Währungseinheiten siehe die Tabelle unter „Münzen, Maaße und Gewichte" bei Ernst Philipp S. 49/50

[3] Johannes Groth, * 21.4.1774, † 30.7.1852, von 1821 bis 1836 Bürgermeister von Echzell. Von J.G. liegt eine 20 Schreibmaschinenseiten umfassende „Eigene Lebensbeschreibung" aus dem Jahr 1846 vor; Veröffentlichung ist vorgesehen.

[4] Mit „Öhren" (oberh. *Orn* bezeichnet eigentlich den Raum zwischen zwei Häusern in der geschlossenen Straßenfront) muss hier der Hausflur gemeint sein; vgl. Wikipedia: „Ein Ern (Ehrn, Eren) ist ein fränkischer Hausflur. Es ist eigentlich der Flur im Erdgeschoss in Bauernhäusern gemeint. Die Herkunft des Wortes leitet sich wahrscheinlich aus dem Ostfränkischen ab und kommt von „Erdn" (hochdeutsch ‚Erde')."

[5] Pfuhl, oberh. *Pull* = Jauche; das *Pullloch* ist die Jauchegrube.

Im Jahre 1852 habe ich diesen neuen Stall gebaut (rechts). Es stand ein alter Stall an dieser Stelle, war aber baufällig und auch zu klein, um mein Vieh zu fassen, deshalb musste ich darauf bedacht sein, einen großen geräumigen Stall zu bauen, der meiner Ökonomie und meinem Viehbestand auch angemessen war. Dieser alte Stall war sonst der Pferdestall, da aber der Kuhstall (der Anbau am Hause) zu klein war, um acht Stück und mehr Kühe zu fassen, so wurde der Kuhstall im Jahr 1851 zum Pferdestall eingerichtet und die Kühe von da in andere Ställe untergebracht, bis der neue Stall fertig war. Vorne der Behälter am Brunnen ist zum Waschhaus eingerichtet und dient auch zugleich zum Keller für die Range[6] und Kohlrabi[7]. Der andere Teil zum Kuhstall, der zweite Stock vorn an der Gasse zur Stube, über der Stube ein Speicher, der übrige Theil zu Heu und Grummet[8], dieses war die Bestimmung des neuen Baues.

Gott der Allmächtige hat uns bei diesem neuen Bau gesegnet, er hat uns Glück gegeben mit allem, wir hatten gutes Wetter, hatten gute Professionsleute und ging alles gut vonstatten, so dass der Bau nach kurzer Zeit schon dastand. Möge der **Allmächtige** ferner über demselben und über der ganzen Hofreite seine allmächtige Hand halten und sie beschützen in alle Zeit hinaus. Die Maurermeister waren Heinrich Mogk 5. und Johannes Lahm 2., der Zimmermeister war Johannes Fauerbach, alle drei von hier.

Den 12. August 1810 bin ich, **Wilhelm Stoll** geboren und mein Petter[9] war mein Großvater Johannes Wilhelm Stoll, meiner Mutter ihr Vater. Den 21. April 1814 ist derselbe gestorben.

---

[6] Range(n), auch Dickwurz = Futterrüben, Runkelrüben

[7] Kohlrabi = Steckrüben

[8] Heu und Grummet = getrocknetes Wiesengras als Winterfutter; *Heu* ist das des ersten, *Grummet* das des zweiten Schnittes, der Nachmahd.

[9] Petter: hier Pate, kann aber auch Patenkind bedeuten – vgl. z.B. S. 18 unten

---

Den 21. November 1774 war mein Vater Johannes Georg Stoll geboren und den 15. Okt. 1833 ist derselbe gestorben, hat sein Leben auf 58 Jahr, 10 Mon. und 24 Tage gebracht.

Den 1. September 1777 war meine Mutter geboren, **Anna Katharine Stoll** und den 16. März 1825 ist sie gestorben, hatte ihr Leben auf 47 Jahr, 6 Mon. und 14 Tage gebracht.

Den 20. Januar 1801 ist mein Bruder Heinrich geboren, sein Petter ist Heinrich Steffan zu Gettenau. Im Jahr 1822 hat sich derselbe mit Elisa Margaretha Grothin verheurathet.

Den 10. Oktober 1844 ist derselbe gestorben und hat sein Leben auf 43 Jahr, 8 Monat und 20 Tage gebracht, seine Frau starb 1847 auch im 43. Lebensjahr.

Den 27. Dezember 1806 ist meine Schwester Anna Elisabetha geboren und den 27. Dez. 1825 hat sie sich mit Georg Philippi zu Melbach verheurathet.

Nota: Ich hatte noch zwei Brüder und eine Schwester, welche aber Kleinerheit verstorben sind.

Den **16. Dezember 1832** habe ich mich verheiratet mit **Christine Reitz**, des Georg Reitz Tochter dahier. Den 3. September 1812 ist dieselbe geboren, wo daselbst Anna Christine Reitz, des Ernst Reitze Frau dahier die Gevatterschaft verrichtete.

Meine Schwiegermutter war eine geborene Schäferin von Oberwiddersheim, ist aber in ihrem 34. Jahre, den 12. April 1826 gestorben.

Kinder, die wir in unserem Ehestand erzeugt haben, sind folgende:

Den 16. Dezember 1833 des Morgens zwischen 9 und 10 Uhr hat uns der liebe Gott eine junge Tochter geschenkt, den 18. Dezember ist sie getauft worden, wo denn meiner Frau ihre Schwester die Gevatterschaft verrichtete und hat den Namen bekommen: **Katharina Elisabetha.**

Den 11. August 1836 des Abends um 10 Uhr hat uns der liebe Gott einen jungen Sohn geschenkt, den 21. August ist er getauft worden, wo denn mein Schwager Heinrich (meiner Frau Bruder) und mein Petter zu Melbach (meiner Schwester Sohn) die Gevatterschaft verrichtete und hat den Namen bekommen: **Heinrich Wilhelm.**

Den 15. April 1843 des Abends um ½ 12 Uhr (am Samstag Abend vor Ostern) hat uns der liebe Gott wieder einen jungen Sohn geschenkt und den 22. April ist er getauft worden, wo die Gevatterschaft verrichtete: Ernst Philipp Reitz dahier (meiner Frau ihr Petter) und hat den Namen bekommen: **Ernst Philipp.**

Von meiner **Frau ihrer Familie** ist zu bemerken:

Ausgangs Oktober 1838 hat sich mein Schwager Heinrich mit Katharine Reitz, des Bürgermeisters Kaspar Reitze Tochter verheiratet.

Den 2. Oktober 1842 hat sich die Katharina Elisabetha (meiner Frau Schwester) mit Martin Walther von Weckesheim verheiratet und den 20. Oktober ist dieselbe nach Weckesheim gezogen.

Im Jahre 1839 den Donnerstag vor Fastsonntag starb meiner Frau ihr Großvater Konrad Reitz in seinem 79. Jahre.

Im Juni 1842 starb meiner Frau ihre Großmutter in ihrem 76. Jahr. Dieselbe war eine geborene Naumännin gebürtig von Gettenau. Ihr Vorname war Anna Juliana.

Im **Jahr 1817** war eine große Theuerung, der Weizen hat 36 bis 40 fl gegolten, das Korn[10] hat 30 bis 35 fl gegolten, die Gerste 20 bis 24 fl und alle anderen Produkte in sehr hohen Preisen. Ich komme jetzt auf das **Jahr 1822**, wo ich schon den Anfang gemacht habe (in meinem 12. Jahr) alles was mir zum Andenken merkwürdige Begebenheiten schien, aufzuschreiben. In demselben Jahr 1822 haben wir schon den 25. Juni Korn geschnitten, und war für uns alle eine große Wohlthat, denn am 25. Juli hat der Hagel alles zerschlagen und dabei waren so viele Mäuse in den Feldern, dass sie alles wegfraßen. Man sah einer harten Zukunft entgegen, welche auch im nächsten Frühjahr eintrat.

---

[10] Korn: Roggen

Den 27. Juli 1822 habe ich einen Petter bekommen bei dem Gerichts-schreiber Präfried dahier. Den 15. November 1822 habe ich einen Petter bei meinem Bruder bekommen, aber den 3. März 1824 ist er schon ge-storben.

Im **Jahre 1823** stellte sich die Noth vom vorigen Jahr ein, welches aber durch eine gute Ernte ersetzt wurde. Aber das **Jahr 1824** war noch fruchtbarer, es geriet alles so, dass in allen Produkten Überfluss war und hatte alles keinen Wert. Das Korn galt damals 1 fl. 45 x, die Gerste 1 fl. 12 x, dies war eine harte Zeit zu nennen, denn es konnte niemand etwas lösen, das Vieh war auch im Unwert und sehr viele Leute gingen rück-wärts.

Den 17. Januar 1827 habe ich bei meinem Bruder den 2ten Petter be-kommen, aber am 17. August 1831 ist er gestorben.

In diesen Jahren, von 24 – 28, hat sich nichts Erhebliches zugetragen, es waren fruchtbare Jahre, aber dennoch eine schlechte Zeit zu nennen. Es war meistenteils kein Handel im Ganzen.

Von **1828** des Herbstes und **1829** vom Frühjahr bis Herbst waren sehr nasse Jahre, so dass Pferde und Wagen auf den Äckern versanken und die Wege nicht mehr zu passieren waren, so dass alles viel Mühe kostete, es nach Haus zu schaffen. Es musste einer ein gutes Pferd haben, wenn er vier Säcke Kartoffeln auflud.

Im August **1830** hat der Hagel wieder großen Schaden gethan an der Sommerfrucht[11], die fast alle ab war.

In demselben Jahr erhoben sich Rebellen im Herbst aus der niedrigsten Klasse, zogen von Ort zu Ort, gingen an die Ämter, schlugen die Amts-leute, welche ihnen nicht zu Gunsten gehandelt hatten, verbrannten alle Papiere, auf den Dörfern verbrannten sie den Rechnern ihre Papiere, schrien Gleich- und Freiheit und so kamen sie am 30. September auch zu uns, wo dann jeder Ortsbürger mit musste. Sie wurden noch vor Nacht aus dem Ort geschafft durch Gutwilligkeit, aber die Rechtdenkenden zo-gen sich wieder zurück. In Melbach kamen sie in der Nacht an, diese

---

[11] „Frucht" steht im Oberhessischen generell für Getreide.

widersetzen sich, schlugen sie und nahmen viele gefangen. Letztere empfingen dann ihren gerechten Lohn von der Obrigkeit.

Das Jahr **1831** war ein sehr trockenes, dadurch entstanden viele Mäuse, welche vielen Schaden an allen Früchten und Gemüse anrichteten, wo dann die Folge war, dass im nächsten Frühjahr 1832 die meiste Winterfrucht ausgeackert werden musste und mit Sommerfrucht gesät wurde, die aber vortrefflich gerieth, dass man im Durchschnitt auf jeden Morgen zwei Fuder rechnen konnte.

Das Jahr **1833** war wieder ein fruchtbares, die Früchte waren aller Ort gut gerathen, nur durch die Dörre fehlte es an Futter. Es gab aber einen gedeihlichen Herbst, wo dann vieles wieder ersetzt wurde.

Im Jahr **1834** hatten wir einen gelinden Winter, dass sogar alle Gewächse grün blieben. Dadurch entstanden viele Mäuse, es war das ganze Jahr hindurch sehr trocken, dass kein Gewächs wuchs, kein Klee, keine Erbse, keine Wicke und was noch da war, fraßen die Mäuse. Es gab nicht viel Heu, Korn und Weizen hatten die Mäuse so gefressen, dass wie man's schnitt, es gleich gebunden und so auch nach Hause gefahren war. Gerste und Hafer waren ebenso, so dass alle Früchte dünn einkamen. Das Grummet war wieder sehr schlecht, weil's an Regen fehlte. Flachs und Kartoffeln hatten die Mäuse gefressen. Kurzum, es fehlte an Vielem. Das Obst war aber gut gerathen. Bei diesem Allem war das Beste, dass es gut Wetter war, es war alles sehr frühzeitig. Anfang July fing man an Korn zu schneiden und so folgte eins aufs andere, dass zu Ende dieses Monats alles zu Hause war. Den Flachs haben wir noch im August gerupft. Es blieb das ganze Jahr hindurch gelind Wetter.

Den 25. Januar **1835** wurde der neue Kirchhof dahier eingeweiht, wo dann der alte Dörr in derselben Feier der Erste auf diesem Friedhof beerdigt wurde. Die Baste Eva Gertrud (meines Vaters Schwester) starb den 18. Februar 1835 in ihrem 64. Jahr und war die Dritte, die auf dem neuen Kirchhof beerdigt wurde. In demselben Jahr hatten wir wieder einen gelinden Winter, der Frühling war kalt und rau, so dass die Schaaf noch nach der Schur vor Kälte und Hunger krepierten. Das Winterfeld war schlecht, bis endlich andere Witterung eintrat und gab eine vortreffliche Ernte. Der Sommer war so trocken, dass alles schien zu verdorren. Im September gab es Regen und gab eine solche Menge Kartoffeln, als wir in vielen Jahren nicht gehabt haben. Wir hatten einen nassen Herbst und fing anfangs November an zu frieren, dass das Kraut auf dem Feld erfror und kam nicht nach Haus, dass kein Kraut eingemacht wurde. Um den 20. November ging der Frost auf und die Äcker wurden noch geackert und gesät.

Im Jahr **1836** hatten wir einen kalten Winter, so dass die Schafe bis Petritag[12] auf den Samen[13] gingen. Das Frühjahr war rau und kalt und trocken, es regnete den ganzen Sommer nicht. Bis Johanni[14] regnete es so viel, dass man kaum das Kraut setzen konnte und so war es trockenes Wetter bis den 15. August regnete es und es wurde alles erfrischt. Wir hatten ein gutes Kornfeld, der Weizen wurde aber nicht so, Gerste und Hafer waren auch schlecht, es gab einen nassen Herbst und die Kartoffeln und Kraut waren recht gut.

1837. Der Winter war leidlich, aber das Frühjahr sehr kalt. Den 8. April gab es viel Schnee, der Himmel hellte sich auf und es gab eine solche Kälte, dass die Vögel in der Luft erfroren und auf der Straße lagen. Man fand Vögel, welche in hiesiger Gegend noch nie gesehen wurden. Der Schnee lag so dick, dass die Fuhrleute mehrere Tage ganz still lagen bis der Schnee von der Chaussee hinweg geschafft wurde. Wir hatten eine ziemlich gute Ernte, besonders viel Heu und Grummet, auch Kartoffeln, Kraut und Rüben waren gut gerathen.

1838. Der Winter war sehr kalt, es fing anfangs Neujahr an zu frieren und fror in einem fort bis Petritag. Die Kälte hat mehrere Mal auf 20 Grad gestanden und sind viele Kartoffeln erfroren, dass es vielen eine Warnung geworden, die Keller auf ein ander Mal besser zu verwahren. Die Ernte war gut.

---

[12] Petritag ist der 22. Februar.

[13] Grimm, Deutsches Wörterbuch (DWB): *das aus dem samen hervorgehende junge gewächs, ...dann die auf dem felde stehende frucht, das saatfeld, getreidefeld,* einem den samen abhüten, *das vieh in dessen saatfeld kommen lassen;* den samen abgrasen.

[14] Johanni ist der 24. Juni

Vom Jahr **1839** ist nichts zu bemerken, außer dass es ein fruchtbares Jahr gewesen. Im November wurde ich als Gemeinderath auf neun Jahre gewählt.

Das Jahr **1840** war dem vorigen gleich. Bis ausgangs des alten Jahres gab es einen solchen Schnee, dass die ältesten Menschen keinen solchen erlebt hatten. Die Kälte war also durch denselben sehr groß.

Bis kurz vor Petritag **1841** ging der Frost auf, der Schnee ging mit Regen weg und es gab ein solches Wasser, dass vieles Unglück dadurch entstand. Das Wasser hatte eine Höhe erreicht, dass es vor der Sauerbornsbrücke nach dem Ort zu mitten auf dem Pflaster stand. Von Schwalheim bis hierher sah man nichts als von den Weidenbäumen die Köpfe. Aus der neuen Bach ging das Wasser durch den Brauhaushof, durch Zimmermeister Mogk seinen Hof und Scheuer und in die Gänswirtsgasse und so standen alle Häuser und Gärten voll Wasser und hier unten an der Bach desgleichen. Des Nachts um 12 Uhr wurde durch die Polizei geschellt, dass man den Leuten zu Hülfe kommen sollte um das Beste aus ihren Häusern zu schaffen. Das Wasser stieg nicht weiter und in wenigen Tagen fiel es bei uns wieder.

Im Jahr **1842** waren wir mit unserem Vieh sehr unglücklich. Ich hatte zwei hellbraune Gäul, einer wie der andere, eine 4-jährige Stute und ein 6-jähriger Wallach. Erstere schlug dem anderen am 6. Januar das Hinterbein im Stall entzwei (das Jahr davor waren mir 24 Carolin darauf geboten worden), ich kief (*kaufte*) mir wieder einen für 77 fl. Dieser bekam ein Geschwür im Hals am Kiefer und ich musste denselben in demselben Jahr verhandeln. Kurz darauf krepierte mir eine zweikalbige Kuh an Milzbrand. Eine andere von demselben Alter in hohem Werte ging zum ersten Mal auf die Weide, sprang auf den Ochs hier im Ort, fiel herab, brach ein Bein und wir mussten dieselbe schlachten. An den Schweinen war ich ebenfalls unglücklich. Von zwei großen Mucken[15] im Frühjahr brachten wir wenig Ferkel davon und die Ferkel hatten sehr hohen Preis. Im Herbst hatten wir drei Ferkelmucken, wovon wir eine verkaufen konnten, von den zwei anderen gingen die Ferkel an der Klauenseuche kaputt. Den 8. Mai 1843 ging mir die fünfjährige Stute an

---

[15] die Muck = die Sau

Milzbrand kaputt. Dieselbe hatte ein Füll[16] von 11 Wochen, welches ich aber ohne Mühe aufziehen konnte.

Im Jahr 1842 habe ich folgendes von wegen der Witterung und der Ernte zu bemerken: Es regnete in einem ganzen Vierteljahr gar nicht und zwar im Frühjahr Ende März bis Ende Juni. Dadurch erstens eine böse Aussaat, besonders für diejenigen, welche nicht beizeit aufgeeggt und beizeit gesät. Bei Hafer, Gerste und Kartoffel wer früh gesät, hatte im Durchschnitt eine halbe Ernte, wer aber spät gesät, hatte sehr wenig. Zweitens entstanden durch diese Dörre viele Mäuse, welche dann im Nachsommer alles verheerten, besonders auf denjenigen Äckern, wo nicht viel darauf stand, aber im Brachfeld thaten sie an allem großen Schaden. Die Kartoffeln fraßen sie so, dass auf vielen Äckern nur noch wenige Säcke voll ausgemacht werden konnten. Sie ließen nichts übrig, wer nicht auf der Huth war und that sich, was noch da war, bei Zeit nach Haus. Die Kornernte war aber so vortrefflich, dass man in langer Zeit nicht gehabt hatte. Das Kornfeld war von den Mäusen bewahrt geblieben. Sie hatten zwar schon Anfälle gemacht, aber Gott hatte es uns beschützt. Es war auf weit und breit so, dass eine große Not an allen Orten entstand, bei vielen war, bis das Frühjahr 1843 kam, nichts mehr da. Es wurde an allen Orten für diejenigen gesorgt, welche nichts mehr hatten und von der Gemeinde aus Saat- und Essfrucht und Kartoffeln gekauft. Es war ein hartes Jahr und für viele unvergesslich. Das Korn stieg von 10 auf 20 fl., die Gerste auf 14 und 15 fl., Kartoffeln auf 4 fl., Hafer auf 8 fl.

Das Jahr **1843** ersetzte vieles, denn es war ein fruchtbares Jahr, es gab alles genug, besonders Gerste, Hafer, Kartoffeln, Kraut und Rüben. Das Kornfeld war nicht zum besten, die Mäuse hatten viele Samen gefressen und musste vieles ausgeackert werden. Es war aber das ganze Jahr hindurch sehr nass, dass oft die Wiesen überschwemmt wurden.

Das Jahr **1844** war wieder ein fruchtbares Jahr. Es mangelte an nichts, Kornfeld war gut, man konnte im Durchschnitt 2 Fuder vom Morgen rechnen. Die Gerste war aber nicht so vortrefflich, doch gab sie gut ins Maß, dass sie doch für eine gute Ernte gerechnet werden konnte. Das Brachfeld dagegen war ganz vorzüglich. Hierbei muss ich den Flachs

---

[16] das Füll = das Fohlen, Füllen

bemerken, welcher schon seit zehn Jahren missrathen war, außer diesem und dem vergangenen Jahr. In diesen zehn Jahren wurde mitunter Russen- oder Seeländerflachs gezogen, welcher in den ersten Jahren manchem gerieth, aber später als schlechter wurde und wenn er gar nicht gerieth, musste doch so viel geputzt werden und wenn man glaubte man hätte hinlänglich geputzt und der Flachs würde gerupft, so musste man ihn oft im Unkraut suchen und so wurden die Leute müde und ich behaupte, er passt für unsere Gegend nicht.

Wir hatten ein nasses Jahr und man musste auf der Huth sein, seine Früchte nach Hause zu bringen, besonders die Kartoffeln. Wir waren schon wieder mit Mäusen heimgesucht, doch richteten sie keinen großen Schaden an den Gewächsen an, außer an einzelnen Äckern, besonders im späten Herbst an der Kornsaat. (Gott gebe, dass sie alle diesen Winter in der Erde liegen bleiben.) Bemerkenswert ist noch ein schweres Wetter anfangs August, da das Korn all gebunden auf dem Feld stand. Eines Tages gegen Abend zogen sich schwere Gewitterwolken zusammen, es fiel Schlag auf Schlag und gab einen so heftigen Sturm, dass wenige Haufen auf dem Feld stehen blieben und viele Bäume in der Mitte zerbrachen, mehrere Wagen mit Korn beladen fielen um, wo die Leute mit nach Hause eilten. Ich war selbst in diesem Wetter, kam aber glücklich nach Haus. Der Schaden war nicht groß, das Wetter vom harten Wind fortgetrieben, nur mussten die Kornhaufen den anderen Tag wieder zurechtgestellt werden, denn es lag alles durcheinander und viele Sichling[17] waren ganze Gewann weit fortgetrieben.

Nota: Im Jahr 1843 war ich als Schulvorstand gewählt. Im Jahr 1844 im Februar als Taxator gewählt, desgleichen im November 1844 als Feldgeschworener an meines Bruders Stelle.

Im Jahr **1845** hatten wir anfangs einen gelinden, später einen harten Winter. Vom 1. Februar fing es an zu frieren und fror an einem fort bis zu Ende März, dass die Kälte immer von 14 bis 18 bis 20 bis 27 Grad gestanden. Zuweilen gab es auch Schnee, welcher dann von einem auf den anderen Tag liegen blieb. Derselbe lag hier dick, auf den Gebirgen aber

---

[17] Sichling: *„so viel, als mit der hand gefaszt und mit der sichel auf einmal abgeschnitten wird, dann auch die garbe."* (DWB)

noch viel dicker. Auf Ostern, den 23. März gab es Regenwetter, der Frost ging auf, der Schnee ging weg, aber das Wasser war für viele ein Unglück. Bei uns hatte es dieselbe Höhe erreicht wie im Jahre 1841, thät aber keinen großen Schaden außer an einigen Plätzen riss es das Ufer aus. Aber an den großen Gewässern, besonders am Main und Rhein, da haben viele Ortschaften im Wasser gestanden und die ältesten Menschen hatten dieses noch nicht erlebt. Es sind viele Gebäude, mit ihnen das Vieh und was sonst noch drin war, hinweg geflossen, auch viele Menschen fanden da ihr Grab. Bei Hanau und Frankfurt sind Kühe, mit den Ketten an die Krippe gebunden, geflossen kommen. Ganze Häuser mit allem was darin war sind hinweg geflossen, das Land daselbst auf mehrere Jahre ganz unbrauchbar, weil's vom großen Wasser mit Schutt, Kieselsteinen und dergleichen überschwemmt war. Im vorigen Jahr, wie ich auch bemerkt habe, hatten wir ein Mäusjahr und das im größten Maaße, im späten Herbst auch Schnegel[18]. Diese beiden richteten an der Wintersaat vielen Schaden an, doch den Winter über blieb keine übrig, die Kälte und Schnee hatten sie vernichtet.

Das neue Schulhaus wurde im Jahr 1845 gebaut, am 11. Februar wurde der Grundstein zu demselben feierlich nach der Kirche zu in den Treppenbau gelegt, wo der Dekan Hofmann eine Rede hielt, der Kirchen- und Schulvorstand und die Gemeinderäthe und die Lehrer mit den Schulkindern waren dabei und viele Ortsbewohner. Die Kinder bekamen zum Andenken jedes eine Brezel. 1846 wurde die Bauerei am Schulhaus fortgesetzt und so wurde es bis den Nachsommer völlig dahingestellt. Am 1. November 1846 wurde dasselbe feierlich eingeweiht, wo denn Alte und Junge sich freuten, besonders die Schulkinder, denen einige Stunden erlaubt wurde zu tanzen im Beisein der Pfarrer, Eltern und Lehrer, kurz es war ein Fest nicht nur für die Schüler, sondern auch für die Erwachsenen.

Das Jahr **1846.** Wir hatten einen sehr gelinden Winter. Es fror den ganzen Winter über nur einige Tage. Anfangs Februar war das Frühjahr völlig da, dass die Grade Wärme auf 10 bis 12 stieg, es wurde auf mehreren Orten gedüngt, geackert und gesät, aber es blieb nicht so. Der April wurde nass, es regnete den ganzen Monat durch, so dass alle Äcker zu nass und zum guten Bau ganz verdorben wurden. Es war sehr schwer zu

---

[18] Schnegel, oberh. *Schnääl* = Egelschnecke, Nacktschnecke (vgl. engl. *snail*).

bearbeiten. Doch gab es wieder gutes Wetter, es trocknete wieder ab, jedoch wurde die Sommerernte nicht so vollkommen. Bei uns war sie zu keiner schlechten zu rechnen, indem sie, obgleich nicht viel ins Gebund, aber doch gut ins Maaß gab. Aber in Ortschaften, wo schlechtes Land war, war eine ganz geringe Ernte. Das Korn war durch das frühe Frühjahr zu viel gewachsen und indem das Ähr herauskam, entweder vom Frost gedrückt oder vom Mehltau getroffen. Dadurch hatte es einen Fehler erhalten und gab nicht viel ins Maaß aber gut ins Gebund. Bei uns konnte man aufs Fuder 14 Meste[19] rechnen, aber auf anderen Ortschaften in der Umgegend nur 6 bis 8 Meste und auch so viel dort. Wir hatten einen ganz heißen Sommer, so wir noch wenig erlebt hatten. Die Hitze stieg auf die höchsten Grade. Wir konnten bei uns die Ernte zu einer mittleren rechnen, aber in den meisten Orten eine sehr geringe. Auf Weit und Breit in ganz Europa wo schlechtes Land war. Die Kartoffeln hatten in diesem Jahr hart gelitten, dass viele kranke und ganz faule darunter waren, dadurch entstand dann Mangel, die Folge war, dass Theuerung eintrat, es entstand bald Hungersnot, ja in vielen Ländern sind viele an Hunger gestorben. Bei uns war dies der Fall nicht, denn es wurde vom Staat und von der Gemeinde dafür gesorgt.

---

[19] Meste, auch Metze: altes Hohlmaß von regional und je nach Getreideart unterschiedlichem Volumen (Quelle Wikipedia):
- Alsfeld (Gr.hzgtm. Hessen) 1 Metze = 997 Pariser Kubikzoll = 19 ¾ Liter
- Freie Stadt Frankfurt 1 Meste = 2 Sechter = 8 Gescheid = 32 Mäßchen = 128 Schrott/Schoott = 723 Pariser Kubikzoll = 14 7/20 Liter
- Friedberg (Wetterau), Homburg, Gießen
  - Getreide ex Hafer 1 Metze = 817 4/5 Pariser Kubikzoll = 16 1/10 l
  - Hafer 1 Metze = 881 1/10 Pariser Kubikzoll = 17 9/20 Liter
- Grünberg (Gr.hzgtm. Hessen) 1 Metze = 1120 2/5 Pariser Kubikzoll = 22 1/5 l
- Marburg (Kurhessen) 1 Metze = 1263 ¼ Pariser Kubikzoll = 25 Liter
- Nidda (Gr.hzgtm. Hessen) 1 Metze = 1003 1/5 Pariser Kubikzoll = 19 8/9 l
- Wetter, Rosenthal (Gr.hzgtm. Hessen) 1 Metze = 1400 ¼ Pariser Kubikzoll = 27 ¾ l
- Wetzlar (Preußen)
  - Getreide ex Hafer 1 Metze = 843 7/10 Pariser Kubikzoll = 16 7/10 l
  - Hafer 1 Metze = 94 Pariser Kubikzoll = 18 4/5 Liter

Diese Not stellte sich anfangs **1847** ein und blieb auch bis zur nächsten Ernte. Man sah im Frühjahr 1847 viele, die sich ihr tägliches Brot bettelten, denn die Anstalten von den Gemeinden waren nicht hinreichend, sie zu ernähren. Die Theuerung stieg sehr hoch. Der Laib Brot (4 Pfd.) galt 26 – 28 x, der Weizen stieg auf 27 fl. und noch darüber, das Korn 20 – 22 fl., Gerste 18 – 20 fl. Die Kartoffeln 8 fl. und so musste es durchgemacht werden bis die Ernte da war, welche dann gut war, es fehlte an nichts, besonders muss ich Obst berühren, es gab so viele Äpfel, dass es kein Lebender erlebt hat, d.h. wo sie überall so gerathen waren. Das Malter[20] konnte man zu 24 – 40 x kaufen.

Das Jahr **1848** war in der Ernte ein gutes Jahr, es gab alles genug, der Preis der Früchte konnte ein mittlerer genannt werden, es fehlte nur am Handel, denn durch politische Angelegenheiten wurde derselbe gestört. Es entstand eine große Revolution, welcher keiner noch in Deutschland so erlebt hatte. Sie nahm in Frankreich ihren Anfang. Die Franzosen jagten ihren König (Philipp) fort und Frankreich wurde zur Republik. Es war auf den 21. Februar und darauffolgende Tage. Viele Deutsche waren von demselben Geist beseelt und die Revolution entspann sich auch bei uns in allen Ländern. Die Fürsten sollten fortgejagt und die Republik eingeführt werden. In Baden wurde der Anfang gemacht, der Herzog floh aus dem Lande. Es stellten sich große Männer an die Spitze, welche die Rebellen führten, es wurde die provisorische Republik eingeführt, die Aufständischen nahmen Dörfer und Städte ein, viele Freiwillige schlugen sich bei, die Soldaten streckten das Gewehr und gingen über. Bayern und Württemberg wankten und thaten desgleichen. So drangen sie denn auch auf unsere Grenze und machten den Anfang zur Einnahme, aber unsere Truppen blieben ihrem Fürsten treu und stellten sich in die Wehr, wo sie einen harten Kampf zu bestehen hatten. Doch es gelang ihnen die Freischärler zu bekämpfen und ihre Tapferkeit konnte nicht genug gepriesen werden. Doch sie bekamen bald Hilfe. Die Preußen eilten mit 100.000 Mann nach der Rheingegend zu und besetzten Frankfurt

---

[20] Malter: altes Hohlmaß eigentlich für Getreide, etymologisch die Menge, die in einem Mahlgang gemahlen werden kann, entspricht in unseren Regionen zumeist 16 Mesten (s. Anm. 19); in Mainz betrug ein Malter 109,387 Liter, das Nassauer Malter entsprach genau 1 Hektoliter (Quelle: Wikipedia). Ein Malter Obst entspricht somit grob gerechnet einem Doppelzentner (100 kg).

und zogen den Hessen zu Hilfe in Baden, wo sie harte Kämpfe zu bestehen hatten, denn die Freischärler waren an der Zahl viel mehr denn die Soldaten. Die Anführer der Freischar waren Hecker, Struve, Herrwegh und noch viele andere große Männer, meistens Advokaten. Es waren sehr gescheite Männer bei dieser Partei und alle schlugen sich ihnen an, selbst aus anderen Ländern (Frankreich, Schweiz). Alle Handwerker, welche sonst herumstreiften, hatten sich bei dieser Partei geschlagen. Ihr Plan sollte ihnen aber nicht gelingen, sie mussten immer weichen, sie wurden aufgerieben und geschlagen, dass ihrer viele das Grab fanden. Der große Hecker, als er sah, dass er verlor, flüchtete nach Amerika, viele andere ihm nach und viele in die Schweiz. Baden wurde den Sommer über hart belagert, bis die Ruhe wieder hergestellt und der Herzog wieder eingesetzt war. Wir können den tapferen Hessen nicht genug danken, denn die Freischärler machten keinen Spaß wo sie hinkamen, sie nahmen die Leute mit, Wohlhabendere aber mussten sich durch schweres Lösegeld frei machen.

Ganz Deutschland wollte sich vereinigen und das große Deutschland in eins fassen, dass es mächtig allen Ländern gegenüberstehe. Es wurde ein Reichstag nach Frankfurt bestimmt, die Fürsten versprachen alles um das Volk zu besänftigen. In Frankfurt wurde ein Parlament errichtet wo dann große Männer, vom Volke gewählt, Gesetze schaffen sollten. Dies geschah, die Parlamentsherren aber theilten sich in zwei Theile, eine linke und eine rechte. Die Linke wollte die Fürsten absetzen, die Rechte hingegen stand den Fürsten bei. Erstere wollten die Republik einführen, um sich aber selbst an die Spitze zu stellen und sprachen, sie wären die Beglücker des Volkes. Es entstand großer Disput unter ihnen und konnten lange nichts fertig bringen. Die kleinen Fürsten mussten sich in das fügen, war in Frankfurt beschlossen wurde, aber die Könige machten es wie sie wollten, besonders der König von Preußen. Als sie sich lange gestritten hatten im Parlament wurden viele müde und gingen nach Haus, die Linke aber wollte es mit Gewalt zwingen. In Frankfurt entstand abermals Revolution und es entstand ein harter Kampf, einige Parlamentsherren der Rechten wurden ermordet, aber die Großherzog Hessischen Truppen erhielten abermals den Sieg und nahmen Frankfurt am 18. September ein. Das Parlament wurde vernichtet und der Rest zog sich nach Stuttgart zurück und wurde auch da aufgehoben. Die meisten dieser Herrn mussten nach Amerika flüchten um ihrem Tode zu entgehen, denn sie hatten Aufruhr gepredigt. Es wurden ihrer auch erschossen und so wurde denn endlich Ruhe und Friede wiederhergestellt. Es dauerte aber einige Jahre hindurch und der böse Same, der damals unter die Menschheit gestreut war, hat lange hernach seine Früchte getragen, denn viele bezahlten nichts mehr, machten neue Auflage und schwelgten müßig einher und glaubten den Reicheren ihr Gut sich zu theilen, aber wie irrten sie sich. Die Menschheit sank auch in Hinsicht der Religion und wurde fähig zu aller That. Diese Zeit dauerte mehrere Jahre hindurch.

In den Jahren **1849 und 1850** hatten wir gute Ernten, es war aber kein Handel in Allem, es getraute sich niemand eine Spekulation zu machen.

Im Jahr **1851** hatten wir wieder eine ziemliche Ernte, aber in vielen Gegenden Deutschlands nicht, besonders waren es die Kartoffeln, welche früher als sonst anfingen krank zu werden, wo sie dann sehr dünn einkamen. Die Produkte stiegen im Preis und es wurde im Frühjahr 1852 von der Regierung aus Schranken gesetzt, besonders das Brennen der Kartoffeln zu Branntwein wurde verboten.

Im Jahr **1850** kief *(kaufte)* ich ein Stück Garten von M. E. Kriegk, welches um meinen Garten herumzog, es hält 56 Klafter und kostet 150 Gulden. Dadurch wurde unser Garten größer und schöner, wir konnten jetzt aus dem Garten auf die Bosergasse[21] nach der Horloff, wir konnten jetzt unser Tuch zu Haus bleichen, es wurden im Herbst die Knotten zu Haus geplatzt und unsere Hofreite gewann viel dadurch.

---

[21] Die Bosische Gasse, heute Bahnhofstraße, benannt nach dem Erbauer des Hauses Bahnhofstr. 6, Carl Erdmann von Bose. Siehe dazu *1200 Jahre Echzell*, S. 93 f sowie die Karte S. 51. Vgl. auch: Gerhard von Bose, *Die Bose*, in Echzeller Geschichtshefte Heft 2, 1985, S. 59 ff sowie Gerhard Steinl, *Die Bose - Ergänzungen*, in Heft 4, 1987.

Ich bin jetzt 42 Jahre alt, meine Frau 40, bin um 20 Jahr verheuratet, habe 3 Kinder. Das älteste, eine Tochter ist 18 Jahre alt, der älteste Sohn (Heinrich Wilhelm) 16 Jahre und der jüngste (Ernst Philipp) 9 Jahre alt. In diesen 20 Jahren ist viel, viel verbessert worden, es waren mitunter für den Bauersmann gute Jahre, und wer seine Sachen zusammenhielt, konnte Fortschritte machen. Doch hatten wir auch manches auszustehen, besonders war ich nicht glücklich mit dem Vieh.

Geschrieben am 28. März 1852, Wilhelm Stoll V.

———————————————

Von dieser Zeit an hat mein Vater nichts mehr eingeschrieben, indem ihm andere Geschäfte oblagen. Er hat nämlich von 1853 bis 1878 das Bürgermeisteramt geführt.

Heinrich Wilhelm Stoll

———————————————

Die Aufzeichnungen des

Ernst Philipp Stoll

(1843 – 1924)

Meine eigene Lebensbeschreibung

Nachdem nun dasjenige, was mein Vater aufgezeichnet, hier aufgenommen, will ich nun einiges aus meinem Leben folgen lassen.

Ich wurde, wie schon mein Vater in diesem Buche bemerkt hat, am Tage vor Ostern, dem 15. April 1843 in dem hier beschriebenen Stoll'schen Hause in Echzell als der jüngste Sohn meiner Eltern geboren. Mein Petter war Ernst Philipp Reitz, ein Schwager von meinem Großvater (Kollektor Reitz). In der Schule habe ich zu Lehrern gehabt Lehrer Bierau, Eberhardt, Dr. Schneider und Dr. Henkelmann[22]. Die beiden letzteren waren zu Landwirtschaftslehrern ausgebildet, weil aber zu der Zeit noch keine landwirtschaftlichen Schulen bestanden, so bekamen wir sie als Lehrer nach Echzell, wodurch in Echzell die erste landwirtschaftliche Schule, welche in Hessen war, entstand. Indem aber von der Gemeinde keine Aufwendungen gemacht wurden, zog Dr. Heckelmann nach Friedberg und gründete dort die landwirtschaftliche Schule. Dr. Schneider hatte in Worms ein größeres Institut ins Leben gerufen.

Im Jahre **1864** am 28. Februar heiratete ich Juliane Kriegck, die einzige Tochter des Landwirts Heinrich Kriegck V. in Gettenau, ihre Mutter war Katharine Marie, eine geborene Steffan. Als ich nach Gettenau kam, wohnten wir in der Wiesengasse im zweiten Hause links von der Hauptstraße. Weil mir aber diese Hofreite zu enge war, kaufte ich im Jahre **1867** mein jetziges Haus[23], welches noch nicht lange gebaut war, die Scheune 1849, das Haus wenige Jahre früher. An Stallung war fast nichts

---

[22]Christian Friedrich Bierau von Stammheim, von 1840 bis 1879 Lehrer, gest. 11.5.1879;
Heinrich Friedrich Eberhard, Sohn des Präzeptors Kon. Christoph Eberhard, von 1830 bis 1838 Assistent seines Vaters, von 1838 bis 1848 Vikar der zweiten Schule, von 1848 bis 1869 dritter Lehrer, 1869 pensioniert, gest. 31.1.1876;
Konrad Schneider von Trais-Horloff, von 1854 bis 1855 Vikar der 1. Stelle;
Karl Henkelmann von Beuern, von 1855 bis 1857 Vikar der 1. Stelle.
(Quelle: Koch, Geschichte der Echzeller Schule)

[23] heute Hauptstraße 42

dabei und tauschte ich, um richtiges Gebäude bauen zu können, auf unsere alte Hofreite die Hofreite neben unsrem neuen und gab 200 fl. zu. Unser Haus hatte ich für 3.600 fl. gekauft. Ich brach nun die Scheuer von der getauschten Hofreite ab, nahm so viel Platz als ich zu den neuen Stallungen brauchte und den dazugehörigen Garten und verkaufte das alte Haus mit einigem Platz an Johannes Christian Rühl dahier für 850 fl. Als ich nun im ersten Jahre meines Einzuges in die neue Hofreite die Stallungen baute, so fand das Baumaterial von der abgebrochenen Scheuer passende Verwendung, besonders weil das Eichenholz sich zu den Stallböden gut eignete. Hierzu sei bemerkt, dass ich ca. 30 Jahre später die Holzböden herausnehmen und sie wölben ließ. Das Bauen hat viel Arbeit und Geld gekostet.

Im Jahre **1874** übernahm ich die Gemeinde- und Kirchenrechnung. Die Gemeinderechnung gab ich nach einigen Jahren wieder ab, weil ich mit dem Ackerbau zu viel zu thun hatte. Die Kirchenrechnung behielt ich auf Wunsch des damaligen Pfarrers Schimpff und führe sie jetzt noch. Am 4. November **1891** wurde ich zum Ortsgerichtsmann ernannt, welches Amt ich jetzt noch inne habe. Auch Schulvorstandsmitglied bin ich längere Zeit gewesen.

Am 23. Mai **1901** fiel ich in der Scheuer und brach das rechte Bein (Oberschenkelbruch), das Bein wurde drei Zentimeter kürzer und hatte ich lange zu thun, bis ich wieder gehen konnte. Am 20. Oktober desselben Jahres wurde ich auf Veranlassung der land- und forstwirtschaftlichen Berufsgenossenschaft nach Darmstadt in das Zander-Institut von Dr. Lossen geschickt, um die steif gewordenen Glieder wieder gelenk zu bekommen. Ich war 9 Wochen dort und kam sehr gebessert nach Haus, doch kann ich nicht wieder so gehen und arbeiten wie früher. Beim Militär bin ich nicht gewesen, obgleich ich tauglich war und hätte ich dann die Kriege 1866 und 1870/71 mitgemacht.

Wie die Verhältnisse zur Zeit waren will ich nun auseinandersetzen. Es gab damals keine allgemeine Wehrpflicht, sondern von den tauglichen Rekruten brauchten etwas weniger als die Hälfte Soldat zu werden. Diese tauglichen mussten bei der Rekrutierung losen, und waren die, welche hohe Nummern zogen frei. Nun war in Darmstadt schon seit längerer Zeit eine sogenannte Kasse, welche für diejenigen Rekruten, welche die

Mittel besaßen und sich in die Kasse einkauften, Stellvertreter einstellten. Mich hat es 300 fl gekostet um vom Militär frei zu werden. Zu Stellvertretern wurden in erster Linie Unteroffiziere, Militärmusiker und auch alte ausgediente Soldaten angenommen. Dieselben erhielten ungefähr das doppelte des Kassengeldes, auch kam noch eine Prämie dazu, sodass es sich auf 700 fl = 1.200 Mark belaufen konnte. Die Dienstzeit war eine andere als jetzt. Wenn kein Krieg war, dann war der Dienst mit 1 ½ Jahr gethan, dann musste der Soldat noch 1 auch 2 Manöver mitmachen und nach 6 Jahren bekam er seinen Abschied, d.h. er war ganz frei und konnte, wer sich gut geführt, für einen anderen Stellvertreter werden. Das war für manchen armen Burschen ein Anfang zu einem Häuschen oder zu einem Acker zu kommen. Doch das habe ich nur angeführt, damit ein späterer Leser weiß, wie es gewesen ist, denn nur ein schlechter Patriot konnte die Verhältnisse, wie in Deutschland und besonders in den Kleinstaaten, gut heißen. So habe ich es mit Freuden begrüßt, als Preußen im Jahr 1866 mit dem alten Zopf aufräumte und die allgemeine Wehrpflicht einführte, um im Jahre 1870 Frankreich, vor welchem Deutschland sich hatte fürchten müssen, zu besiegen, so dass es sobald nicht wieder an den Rhein und nach Deutschland zu kommen wird denken können. Nun wäre ich aber bald doch noch nach Frankreich gekommen, zwar nicht als Soldat, sondern als Kriegsfuhrmann, aber auch davon bin ich verschont geblieben. Es waren nämlich, als der Krieg ausbrach, Tausende von Fuhrwerken nötig, welche die Fourage, Lebensmittel usw. den Herren nachführen mussten. Da wurde dann ein starkes Aufgebot von Bauern, besonders aus Süddeutschland aufgebracht, welche in den Städten am Rhein, Worms usw. beladen wurden und dem Heere folgen mussten. Andere Fuhrwerke wurden zur Feldpost verwendet und sind längere Zeit in Frankreich, besonders im Elsass und Lothringen, gewesen.

Ich will mich nun wieder meinen **Familienangelegenheiten** zuwenden:

In unserer Ehe wurden uns vier Kinder geboren:

Emma	geb. am 5. Dezember 1864, ist aber in ihrem 4. Lebensjahr gestorben.
Marie	geb. am 15. November 1866. Dieselbe ist verheiratet an Georg Kriegck dahier, welcher zur Zeit Gemeinderechner für Gettenau ist. Sie haben zwei Töchter: Marie, geb. 1887, und Klara, geb. 1889.
Minna	geb. am 19. September 1868. Sie ist verheiratet mit Lehrer Georg Simon (gebürtig aus Hillesheim in Rheinhessen). Dieser war längere Zeit in Echzell Lehrer[24] und jetzt in Eberstadt bei Darmstadt. Sie haben 4 Kinder: Minna, geb. 5.2.1893, Else, geb. 30.12.1895, Hedwig, geb. 1.6.1898, Hugo, geb. 29.12.1901.
Philipp	geb. am 24. Juni 1874. Derselbe ist verheiratet mit Ottilie Steffan dahier und haben dieselben zwei Kinder: Ida, geb. 9.1.1900, Hugo, geb. 19.5.1905.

Von meinen Eltern und Schwiegereltern habe ich noch mitzuteilen:

Mein Vater war geboren am 12. August 1810 und starb am 17. März 1889 im 79. Jahre.

Meine Mutter war geboren am 3. September 1812 und starb am 27. Januar 1872 im 60. Jahre.

Mein Schwiegervater war geb. den 26. Mai 1811 und starb am 29. Dez. 1902 im 92. Jahre.

Meine Schwiegermutter war geb. am 14. Nov. 1815 und starb am 4. Sept. 1901 im 86. Jahre.

Meine Schwiegereltern hatten außer meiner Frau noch mehrere Kinder, welche schon früher verstorben waren.

---

[24] Simon war von 1882 bis 1884 Verwalter, von 1884 bis 1900 Lehrer an der Echzeller Schule. (Quelle: Koch)

Der Ackerbau

Früher wurde der Ackerbau anders betrieben wie jetzt und wird auch später sich manches ändern. Ich will nun versuchen auseinanderzusetzen, wie es jetzt ist und wie es bei unseren Vätern und Großvätern war, soweit ich es aus verbürgten Überlieferungen und aus eigener Erfahrung weiß. Hierbei soll ein Kapitel das andere ergänzen, z.B. Feldbereinigung, Drainage usw.

Die Frühjahrsarbeit begann gewöhnlich um den 15. bis 18. April, weil selten das Feld früher trocken war. Es wurden sämtliche Äcker geackert, welche mit Gerste und Hafer bestellt wurden, dann gesät, geeggt und zugeschleift. Das war eine harte Arbeit und ging es morgens schon gegen vier Uhr ins Feld. Im Winterfeld wurde früher fast nur Korn gepflanzt, erst später ging man zum Weizenanbau über. Im Brachfeld lag die Hälfte des Feldes brach und wurde von den Schafen beweidet. Zu meiner Zeit lag noch ziemlich brach, bis ungefähr zu Jahre 1850 – 1860 die Brache aufhörte. Es wird nun mancher Leser sagen: Warum ließen denn die Bauern ihre Äcker brach liegen? Ich will im folgenden versuchen, dies klar zu machen. Vor allem fehlte es an Futter, um einen Viehstand wie jetzt zu ernähren. Erstens wurden die Wiesen zum großen Teil von den Kühen und Schafen beweidet. In jedem Ort war ein Kuhhirt, in Echzell sogar zwei, diese fuhren mit den Kühen von Frühling bis in den Herbst auf die Gemeindewiesen, daher auch die Namen der Wiesen, wie kleine und große Weid, Erlesweid, und in Echzell Bürgelweid, Preulenweid u.s.w., stammen. Sodann litten die Wiesen auch sehr an Nässe, so dass es meist versauertes und mossiges Futter gab. Zweitens war der Kartoffelanbau nicht so wie jetzt. Wenn sie reichlich einkamen, so hatten die Bauern keinen Absatz, auch war der Preis gering. Auch Dickwurz wurden nicht so gepflanzt wie jetzt, dieselben sind auch im Laufe der Zeit sehr verbessert worden. So musste also die Brache betrieben werden, weil auf diese Weise die Äcker am besten bewirtschaftet werden konnten. Wenn die Frühjahrsbestellung fertig war, so wurden die Brachäcker das erste Mal geackert und den Sommer über noch zweimal. Sie wurden mit Mist leicht gedüngt oder gepfercht[25]. Die Brachäcker waren ziemlich unkrautfrei und es gaben dann in der Regel im folgenden Jahr eine gute Ernte.

Auch Erbsen und Wicken wurden gezogen, auch etwas Linsen und Saubohnen. Flachs zog jeder Bauer, sogar die Taglöhner, welche keinen Acker dazu hatten, ließen sich ¼ Morgen von einem Bauern säen und schnitten demselben 3 ½ Morgen Frucht dafür. So war es auch mit geringen Leuten, welchen ein Kartoffelacker fehlte. Die ließen sich einen Acker mit Kartoffeln pflanzen und schnitten für ¼ Morgen 4 Morgen Frucht. Saatgut musste der Empfänger stellen, dagegen aber der Bauer den Dung.

Nun will ich näher auf den Flachsanbau eingehen um darzuthun, mit wie viel Mühe und Arbeit dieses Geschäft betrieben wurde. Es war aber zu der Zeit nicht anders möglich. Baumwolle kannte man nicht und galt auch der Grundsatz:

> *„Selbst gesponnen, selbst gemacht,*
> *ist die beste Bauerntracht".*

Auch scheuten die Alten das Geldausgeben, weil es ihnen nicht so leicht ankam. Im Frühjahr wurde ein Acker, welcher zu Flachs bestimmt war, sorgfältig geackert und bis zur Saat noch zweimal geackert, gedüngt wurde mit kurzem Mist. Die Zeit zum Säen war 2 Tage vor oder nach Marientag (2. Juli). Während des Wachstums erforderte der Flachs wenig Arbeit, höchstens wenn etwas Unkraut drin war, wurde es ausgezogen. Wenn das Wetter günstig war, so wurde er bis zur Reife, welche gewöhnlich in den September fiel, 60 – 70 cm lang und konnte ¼ Morgen 30 – 40 Gebund bringen. Bei schlechtem Wetter gab es aber viel weniger und wurde auch dann nicht so wertvoll. Wenn nun die Köpfe, Knotten genannt, reif waren, so wurde er ausgerupft. Je nachdem der Acker groß, gingen 6 – 8 Arbeiter hinaus, rupften ihn aus, banden ihn in Gebünde, sodass er bis zum Mittag nach Haus gefahren werden konnte. Unterdessen wurden in der Scheuertenne die Reffe (eiserne Kämme) befestigt und wurden an diesen die Knotten abgekämmt. Diese Arbeit dauerte oft bis spät

---

[25] pferchen: *„mittels eines pferchs oder hürdenschlags düngen,* ... zum lein und hanf (*soll man im märz*) misten und pfirchen, ...*transitiv:* der acker musz gepfercht sein; die brachfelder pferchen *oder* pfirchen (DWB)

in die Nacht. Hierzu fanden sich am Abend befreundete Burschen und Mädchen ein, unter Gesang und Scherz ging die Arbeit leicht vonstatten. 1 auch 2 Mann saßen vorn an der Tenne auf einer Bank und banden den gerefften Flachs zu Bündeln mit Stroh. 14 – 15 dieser Büschel wurden zu einem Wassergebund gebunden. Am nächsten Tage wurde der Flachs ins Wasser gebracht, mit sauber geschnitzten Pfählen gegen den Strom fest eingeschlagen. Unterdessen war man in der Tenne beschäftigt, die Knotten mit Rechen und Sieben zu putzen und auf der Fegmühle zu putzen.

Bei Sonnenschein wurden die Knotten auf große Tücher mit Strohunterlage gebracht, mit einem Rechen öfter gewendet, bis sie platzten und der Lein[26] herausfiel. Diese Arbeit nahm im günstigsten Fall immerhin mehrere Tage in Anspruch. Wenn aber schlechtes Wetter war so wurde der Lein schwarz und verlor sehr an Wert. Wer nicht selbst im Besitze eines sonnigen Platzes war, musste oft bis vorn Ort mit seinen Knotten ziehen, wo sie dann abends in Fässer oder Säcke zusammengeschüttet wurden und mit Stroh umstellt wurden. Im Orte selbst lag jeder freie Platz voll, musste aber stets beaufsichtigt werden, damit nicht Hühner oder anderes Vieh sie von den Tüchern scharrte.

Wenn nun der Flachs 8 Tage im Wasser gelegen, so stellten sich ein oder zwei Mann ins Wasser, wuschen die einzelnen Büschel vom Schmutz rein und warfen ihn ans Ufer. Nun wurde er auf die Wiese gefahren und mit den Händen dünn ausgebreitet. Nach abermals 8 Tagen war er nun vollständig reif („reif" heißt beim Flachs, wenn die Ahnen[27] brechen, denn nur die äußeren Ahnen geben den brauchbaren Flachs, während die Ahnen[28] von Weißbindern und Maurern zu Verputzlehm verbraucht wurden). Wenn er nun ganz trocken, wurde er zusammengerecht, in Gebund gebunden, und nach Hause gebracht. Alle diese Arbeiten mussten so ausgeführt werden, dass er gerade und strack[29] zu liegen kam. Nun blieb die

---

[26] Lein: der Leinsamen

[27] Ahnen: die Fasern des Flachses. Grimm, Deutschen Wörterbuch: „*AHNE, f. palea, für agene, agen: den (gehechelten) flachs soll man ganz und gar lucker aus einander schütteln, darmit die ahnen oder grahnen fein heraus fallen.*"

[28] So im Typoskript – es fehlt offenkundig ein Adjektiv: die inneren schlechten o.ä.

[29] strack: glatt, straff, gerade (vgl. „schnurstracks")

weitere Arbeit bis zum Frühjahr, wo bei warmem Wetter der Flachs in der Sonne gedörrt und dann gebläut (gedroschen) wurde, dann wurde er mit hölzernen Brechen gebrecht, dann geschwungen und endlich gehechelt. Beim Hecheln kam der gute Flachs allein, das geringere, sogenannte Werg wurde herausgehechelt. Sobald nun im Herbst die Feldarbeit beendet, kamen die Spinnräder herbei. Frauen und Mädchen saßen nun den ganzen Winter am Spinnrad, abends bis 11 oder 12 Uhr und ging's morgens, ehe es Tag ward, wieder dran. Wenn nun das Garn gehaspelt, zu Zahlen oder Stränge gebunden war, wurde es gekocht, gewaschen und getrocknet und endlich zum Weber gebracht, welcher es zu Tuch webte. Das feinere Tuch gab Hemden, Betttücher und dergleichen, während das Grobe, aus Werg gesponnen, zu Säcken verwendet wurde.

Nun wollen wir uns dem Lein wieder zuwenden. Wenn nun der Lein im Herbst von den Knotten sauber geschieden war, so wurde er auf der Fegmühle geputzt, in Säcke gefasst und aufgehoben. Zur gelegenen Zeit nun kam der Lein in die Ölmühle (eine solche war fast in jeder Mühle eingerichtet), dort wurde der Lein mit zwei schweren Steinen zerquetscht, kam dann in ein Säckchen, zwei dieser Säckchen wurden in einen dazu hergerichteten Kasten gestellt und ein schwerer aufrechter Pfosten fiel auf einen dazwischen getriebenen Keil, so dass das Öl unten herauslief, ähnlich wie bei einer Kelter. Dieses Öl wurde teilweise zu Speisen verwandt, andernteils zur Beleuchtung. Es war freilich ein trübes Licht, man war aber zufrieden damit und hatte man auch kein besseres.

Ackergeräte

In früherer Zeit hatten die Bauern nicht so viele Geräte wie jetzt. Pflug und Egge waren fast die alleinigen Geräte, womit die Bauern ihre Felder bearbeiteten. Der Pflug, welcher in derselben Art schon vielleicht Jahrhunderte ebenso gewesen, war der sogenannte Sechpflug. Obgleich dieser Pflug viel zu wünschen übrig ließ, wurde doch alles mit ihn ausgeführt. Kartoffeln wurden mit ihm gesetzt, aufgeackert, gehäufelt, und zuletzt noch ausgeackert. Das Ausackern war erst seit den 1850er Jahren üblich, denn früher wurden die Kartoffeln nur mit dem Karst[30] ausgehackt. Nun kamen zum Ende der 50er Jahre neue Pflüge: Der Ruchadlopflug (Schaufelpflug), der Jütländer Pflug und andere, später der Purzler und der einseitige Universalpflug. Alle diese Pflüge waren bei weitem besser als der Sechpflug, bei welchem man immer rühren und schaben musste, damit man nicht an jedes Ackerende eine gehörige Quantität Erde mitschleifte. Auch rühren die Erhöhungen, welche man im Felde antrifft, davon her. Später kamen dann andere Geräte und Maschinen in Gebrauch, wie Hack- und Häufelpflüge, Sämaschinen, Hackmaschinen, Grubber, Frucht- und Grasmähmaschinen.

Das Dreschen

Das Dreschen geschah früher nur mit Flegeln. Wenn die Arbeit im Felde soweit fertig, was gewöhnlich Anfang November der Fall war, so begann das Dreschen. Auch zu dieser Arbeit wurde vielfach die Nacht gebraucht, denn schon gegen 3 Uhr morgens gings in die Scheuer und hatten 3 tüchtige Drescher zu tun, um 1 Fuder 30[31], auch etwas mehr, den Tag über fertig zu bringen. Im Jahr 1861 war die erste Dreschmaschine in hiesiger Gegend und zwar auf dem Beienheimer Hof bei Pächter Neuhart. In den Jahren 1863 und 1864 kamen die ersten Dampf-Dreschmaschinen in hiesiger Gegend nach Echzell und führten dieselben sich dann allgemein ein. Mit den Flegeln wurde dann nur noch der Roggen gedroschen, weil man das Stroh zum Anfertigen von Strohseilen brauchte.

War nun der Ackerbau früher sehr unrentabel und durch die geringen Fruchtpreise usw., so waren auch die Arbeiter schlecht gestellt. Ein Taglöhner erhielt im Taglohn 8 – 12 Kreuzer (1 Kreuzer = 3 Pfg.).

---

[30] Karst: Erdhacke, zwei- bis vierzinkige Hacke zum Umbrechen des Acker- und Gartenbodens.

[31] So im Typoskript – Bedeutung fraglich. Wenn man die Angaben von Philipp auf S. 69 so interpretiert, dass für ein Fuder 60 Strohseile benötigt werden („1 Fuder Strohseile = 60 Stück"), dann steht 1 Fuder für die feste Menge von 60 „Gebund", und demnach würde „1 Fuder 30" 1 ½ Fuder = 90 Gebund bedeuten.

Hier will ich eine Geschichte anfügen, welche mein Großvater Kollektor Reitz in Echzell erzählte: Aus Siegen in Westfalen kamen Fruchthändler mit zweirädrigen schweren Karren bis in unsere Gegend, um Frucht zu holen. Mein Großvater war mit seinem Pferd auf dem Wege ins Feld, als ihm einer dieser Fuhrleute auf der Wohnbacher Straße begegnete. Mein Großvater bot demselben Gerste zum Verkauf an und wurde mit ihm pro Malter zu 1 Thaler = 3 Mark einig. Mein Großvater drehte sein Pferd um und ritt wieder mit dem Fuhrmann zurück. Als sie nun an die Gasse kamen wo mein Großvater wohnte, weigerte sich der Fuhrmann wegen dem schlechten Pflaster in die Gasse zu fahren und erklärte, er könne seine Ladung auf der Hauptstraße bekommen. Hierzu sei noch bemerkt, dass diese Fuhrleute mit großen, schweren Karren fuhren, mit 2 – 3 Pferden bespannt und immer ein Pferd vor das andere gespannt war.

Drainage

Das Gettenauer und Echzeller Feld sowie sämtliche Felder in hiesiger Gegend litten sehr an Nässe. Hier will ich besonders das Gettenauer Feld beschreiben. Es war bis ungefähr 1860 in demselben Zustand, wie es seit Hunderten von Jahren gewesen. Offene Gräben zogen durch das Feld, so zog einer vom Biedrich auf die Gailstatt, zerschnitt die Äcker in zwei Teile, ohne das Wasser genügend abzuführen. Weiter waren in der gebrochenen Straße, im Wespennest usw. längs auf vielen Äckern Gräben angebracht, welche als Sammelstelle fürs Wasser galten. Die herausgeworfene Erde erhöhte den Acker etwas, ohne ihn jedoch ganz trocken zu machen. Auch waren dieselben mit Korbweiden bepflanzt und dienten den Vögeln und Mäusen zum Unterschlupf. Es kam vor, dass im Frühjahr das Vieh beim Arbeiten versank. Nun war zu dieser Zeit ein Geometer namens Simon hier wohnhaft, welcher mit dem damaligen Bürgermeister Johannes Möbs dahier befreundet war und diesen dazu zu bestimmen gewusst hatte, eine Probe mit Dränage zu machen. Der Schwämmsee, in welchem, wie in allen Feldseen das ganze Jahr Wasser stand, wurde zuerst in Angriff genommen und diese Probe fiel so gut aus, dass nicht allein der Schwämmsee, sondern auch die Äcker, wo die Röhrenstränge hindurchgingen, trocken wurden. Nun wurde beschlossen, das ganze Feld zu dränieren und wurden zuerst die nassesten Stellen vorgenommen. Dabei zeigte sich, dass, nachdem drainiert war, die nassen Stellen trockener wurden als die hochgelegenen, welche man erst nicht zum Drainieren für nötig gehalten hatte. So wurde nun das ganze Feld in einem Zeitraum von ca. 18 Jahren drainiert. Die Kosten waren zwar hoch, aber der Nutzen wog die zehnfach auf. Dieselben wurden durch Umlagen gedeckt.

Die Feldbereinigung (1893 – 1895)

Wenn ich in anderen Artikeln von Neuerungen geschrieben, welche uns Vorteile gebracht, so ist doch keine dabei, welche und größere Vorteile gebracht hätte, aber auch keine, welche mehr Gegner und Feinde hatte, als eben die Feldbereinigung. Wenn früher von Zusammenlegung der Grundstücke gesprochen wurde, welche in anderen Gegenden ausgeführt worden war, so meinte man, das sei bei uns nicht nötig, wir hätten ja Wege genug, auf unsere Äcker zu kommen usw. Auch war man der Meinung, es habe nur Vorteile für Einzelne, besonders für größere Bauern, während die kleineren nur Schaden hätten. Nun rückten die Feldbereinigungen unserer Gemarkung immer näher, bis wir durch die Bereinigung der Gemarkung Melbach so angeschnitten wurden, dass wir, um einem empfindlichen Schaden auszuweichen, uns entschließen mussten, das Feld rechts der Straße in Angriff zu nehmen. Zwar fehlte es selbst unter den größten Bauern nicht an Gegnern, welche lieber der Gemeinde einen empfindlichen Schaden zugefügt hätten, als ihre alten, liebgewordenen Äcker herzugeben. Bei der nun vorgenommenen Abstimmung hatten wir (die Freunde der Bereinigung) den Sieg davongetragen.

Dem Geometer I. Klasse Hensing aus Darmstadt wurde die Ausführung übertragen. Zu der örtlichen Kommission wurden gewählt: Georg Karl Möbs und Moritz Schuchhard, als deren Stellvertreter Georg Stoll II und Ernst Philipp Stoll. Als Bürgermeister hat der damalige Bürgermeister Heinrich Muth IV mitgewirkt. Zu Sachverständigen wurden Philipp Keller und Georg Geck aus Melbach ernannt. Bereinigungskommissär war der damalige Kreisamtmann Dr. Göttelmann, welcher später Kreisrat in Heppenheim war und jetzt Oberbürgermeister in Mainz ist.

Um nun unseren Nachkommen ein genaues Bild von dem, wie es war, zu geben, haben wir Karten hierzu gemacht, welche veranschaulichen, wie unser Feld war und wie es geworden ist. Auch will ich, wie es war, noch näher erläutern. Es zog sich ein Graben, rechts der Friedberger Straße anfangend durch das ganze Feld in die Wiesen, nahe der Heuchelheimer Grenze. Derselbe war an seinem Anfang nicht sehr groß, am Mordesee aber war er ca. 4 – 5 Meter breit und fast ebenso tief. Auf seiner Länge, welche ungefähr ½ Stunde betrug, waren 4 Brücken: Die erste an der Friedberger Straße, die zweite am Beienheimer Weg, die dritte am Weckesheimer Weg und die vierte am Heuchelheimer Weg. Dieser Graben war der Bewegung im Feld sehr hinderlich. Dazu kam noch der Flurzwang, d.h. es durften die Hilfs- und Nebenwege nur im Brachfeld befahren werden. Die Fruchtfelder dagegen waren, nachdem sie eingesät waren, geschlossen, durften also bis zur Ernte nicht befahren werden.

Der große und tiefe Graben, welcher am Gailstattsee seinen Anfang nahm, ging am Ochsensee und Beienheimer See vorbei, dann durch den Mordesee hindurch, konnte aber trotz seiner Tiefe die Seen nicht entwässern, und blieben dieselben nur Sümpfe. Bei der Bereinigung wurde nun beschlossen, das Wasser durch eine entsprechend tiefe Drainage abzuführen. Dazu waren 9 Eisenbahnwagen Steingutrohre von 30 cm Weite nötig, welche, weil unsere Bahn damals noch nicht gebaut war, in Friedberg geholt werden mussten. Sie waren aus einer Fabrik in der Nähe Bremens, haben also einen langen Weg bis in unser Feld machen müssen. Kaum waren nach der Bereinigung zwei bis drei Jahre verflossen, so waren fast alle Gegner zu Freunden derselben geworden. Wenn auch Einzelne sich geschädigt glaubten, so wog doch im Ganzen der Vorteil den Schaden mehrfach auf. Die Bereinigung in hiesiger Gemarkung wurde in den Jahren 1893 – 1895 durchgeführt.

Der Straßenbau

Unsere Vorfahren wussten von chaussierten Wegen nichts. Sie mussten ihre Produkte auf Feldwegen fortbringen, sodass sie, um wenige Säcke Frucht fortzuschaffen, ein gutes Pferd haben mussten. Auch vierrädrige Wagen kannte man nicht, sondern zweirädrige Karren und musste beim Beladen dieser Karren genau darauf geachtet werden, dass weder zuviel nach vorn oder hinten geladen wurde. Lud man zuviel nach vorn, so wurde das Pferd gedrückt, im andern Fall schnappte das Gewicht nach hinten. Um ein Beispiel von der damaligen Weise zu geben, will ich nur anführen, dass beim Fruchteinfahren nicht mehr als 33 Gebund Korn, oder 40 Gebund andere Frucht auf einen Karren geladen werden konnten.

Da, wo jetzt die Straße von Gettenau nach Echzell zum Berstädter Kreutz führt, war früher gar kein Weg. Gettenau war von der Kirche zugebaut und ging der Weg durch die Biedrichgasse nach Echzell. Um der Straße nach Echzell Platz zu machen, musste eine Hofreite neben der Kirche abgebrochen werden (Wellempeters Haus).

Ebenso war es in Echzell. Im Oberdorf, wo die Straße nach dem Sauerbrunnen abbiegt, ist eine Hofreite abgebrochen worden, um die Straße nach dem Berstädter Kreuz durchführen zu können. Im Jahre 1844 ist diese Straße vollendet worden. Es entwickelte sich ein bedeutender Verkehr in hiesiger Gegend. Fuhrleute und Händler aus dem Vogelsberg von Schotten, Lauterbach, Alsfeld fuhren meist Vierspänner nach Frankfurt, welche vielfach in Echzell übernachteten und auch Vorspann bedurften. Diese Fuhrwerke gingen, nachdem die Eisenbahnen gebaut waren, ein.

Die Friedberger oder Hohe Straße, welche im Jahr 1886 gebaut wurden ist, hat für Gettenau die größte Bedeutung, weil wir auf dieser Straße einen großen Teil unseres Feldes befahren können. Diese Straße, eine alte Römerstraße, lieferte zum Bau fast das ganze Steinmaterial, indem stellenweise die Steine meterhoch aufgeschichtet lagen. Es gab sogar Stellen, welche mit Mörtel vermischt und so fest waren, dass sie nur mit Mühe auseinandergebracht werden konnten. Hierzu sei noch bemerkt, dass die Römerstraße ursprünglich durch den Biedrich über die Echzeller

Beunde nach Echzell gegangen ist. Als weitere Straßen, welche zu unserer Zeit gebaut wurden, wären zu erwähnen: Die Wohnbacher Straße, welche, wie die Friedberger Straße, eine alte Römerstraße ist. Die Straße nach Heuchelheim, welche nach Ausführung der Feldbereinigung gebaut wurde. Endlich sind noch die Straßen von Bisses zum Schwalheimer Hof, und von Heuchelheim nach Reichelsheim, und von Reichelsheim nach Weckesheim und Beienheim und von Melbach nach der Friedberger Straße zu erwähnen.

Der Eisenbahnbau in hiesiger Gegend

In unserer Provinz Oberhessen war die erste und alleinige Eisenbahn die Linie Frankfurt – Gießen – Kassel, welche seit dem Jahre 1852 in Betrieb ist. Diese Bahn hielt man damals für den Verkehr genügend. Frucht, Kartoffeln, kurz alles musste nach Friedberg gebracht werden. So regten sich dann ungefähr vom Jahr 1860 an überall die kleinen Landstädte, eine Eisenbahn zu bekommen. Die Bauerndörfer aber machten sich nichts daraus, die wollten ihre Äcker und Wiesen nicht von der Bahn durchschnitten haben. So hatten denn die Städte Nidda, Hungen und Büdingen leichtes Spiel eine Bahn von Gießen nach Gelnhausen zu bekommen. Besonders waren einige Männer wie Bürgermeister Reuning in Nidda, sowie Steuerkommissar Hunzinger in Hungen sehr tätig, so dass genannte Bahn im Jahr 1869 fertiggestellt wurde.

Da nun diese Bahn nicht dem natürlichen Verkehrswege nach gebaut war, welcher, um den Vogelsberg mit Friedberg und Frankfurt zu verbinden, nicht anders als durch die Wetterau hätte gehen müssen, so war der Fehler nicht anders gut zu machen, als dass man eine weitere Bahn durch die Wetterau baute, welche in die Bahn Gießen – Gelnhausen einmündete. Unterdessen wurde die Bahn Friedberg – Hanau gebaut und hatten wir nun für unseren Kartoffelexport drei Bahnhöfe: Friedberg, Assenheim und Hungen zur Verfügung. Es kostete aber immerhin manchmal einen Tag, um eine Fuhre loszuwerden, was bei dem ausgedehnten hiesigen Kartoffelbau viel Zeit in Anspruch nahm, ohne der Scherereien zu gedenken welche die Bauern von Seiten der (meist jüdischen) Händler zu erdulden hatten. Es regte sich nun von allen Seiten die Bevölkerung der Wetterau, um eine Bahn zu bekommen. Es wurden unzählige Versammlungen abgehalten, bald auf dieser, bald auf jener Seite. Wir auf unsrer Seite strebten ein Projekt von Friedberg oder Nieder-Wöllstadt nach Ober-Widdersheim oder Nidda an. Drüben waren die Orte Melbach, Södel, Wölfersheim, Wohnbach usw., welche eine Bahn von Friedberg nach Hungen als besser darstellten. Als nach langem Streiten die Strecke von Friedberg nach Beienheim und von da eine Gabelung nach Hungen und Nidda zustande kam, ist nun der ganzen Gegend der mittleren Wetterau Rechnung getragen.

Was nun den engeren Bau unserer Strecke betrifft, so ging viel voraus, ehe die Strecke, wie sie jetzt zieht, gebaut wurde. Jahrelang kamen Ingenieure, vermaßen, steckten ab, bald von Reichelsheim an Heuchelheim vorbei, westlich an Gettenau und Echzell vorbei und dann nach Ober- oder Unterwiddersheim einmündend. Was dieses Projekt betrifft, so war vom Biedrich bis oberhalb der Lindengasse in Echzell eine Steigung von 17 Meter.

Sodann kam ein Projekt von Oberwiddersheim oder Nidda über Häuserhof an Bisses vorbei mit einem Bahnhof für Echzell am Preulen, sodann an Bingenheim vorbei nach Reichelsheim, und andere Projekte mehr. Endlich kam ein Ingenieur namens Amsohn, welcher die jetzige Strecke absteckte. Mit dieser Strecke wurde in den Gemarkungen Gettenau und Echzell fast gar kein Gelände durchschnitten und war das Terrain fast eben, so dass nur wenig ab- oder aufgetragen zu werden brauchte. Bei der Anlage der Bahnhöfe ging man in neuerer Zeit von der Ansicht aus, jedem Ort so viel als möglich entgegen zu kommen. Gettenau hatte nun wegen der Nähe Echzells nicht auf einen Bahnhof gerechnet und glaubte man, dass ein Bahnhof zwischen Echzell und Gettenau kommen würde. Echzell aber hätte ihn gern in der Mitte von Echzell und in der Nähe der neu erbauten Molkerei. Nun aber regte sich auch Bingenheim, welches sich überhaupt benachteiligt glaubte und für einen Bahnhof bei Gettenau eintrat, welches nun natürlich von den Gettenauern mit Freude begrüßt wurde. So ist es nun gekommen, dass ein Bahnhof Gettenau-Bingenheim entstanden ist.

Die Molkereien

Früher hatte man keine Molkereien und wurde auch keine Milch fortgebracht. Die Bauern verarbeiteten ihre Milch selbst zu Butter und diese wurde durch Händler nach Friedberg oder Frankfurt gebracht. Milch wurde nur von größeren Gutsbesitzern in die Städte gebracht. Auch hatten die Städte nicht so viel nötig, weil sie bedeutend kleiner wie jetzt waren, ja selbst in den Städten wurde früher mehr Ackerbau betrieben, indem größere Flächen, welche jetzt verbaut sind, dem Ackerbau oblagen. Das Verbuttern der Milch kostete aber auch den Bauern, besonders den Frauen, sehr viel Arbeit. Wenn die Milch gemolken war, so wurde sie in irdene Milchtöpfe gegossen. Im Sommer wurde sie in einen Keller, im Winter aber musste sie in die Stube gebracht werden, damit sich der Rahm absonderte. Nachdem sie einige Tage gestanden, wurde der Rahm abgeschöpft und in einem Butterfass zu Butter verarbeitet. Das ging aber nicht so leicht, wie Mancher denkt, der es nicht miterlebt hat, denn es musste oft stundenlang gestoßen oder geleiert werden, bis es zu Butter wurde, ja es kam auch vor, dass es gar nicht zusammenging, d.h. zu Butter wurde. Die Mager- oder Dickmilch, wie man früher sagte, wurde, wenn nicht verfüttert, zu Käse verarbeitet.

Ums Jahr 1893 wurde in Reichelsheim die erste Sammelmolkerei eröffnet und einige Jahre später eine in Echzell. Wie alles neue seine Gegner hat, so ging es auch mit den Molkereien. Es wollten viele Bauern nichts davon wissen, gingen aber schließlich alle dabei. Obgleich der direkte Vorteil nicht sehr bedeutend ist, so ist der indirekte doch beachtenswert, indem viel Arbeit erspart wird, und die Viehhaltung eine bessere wurde, wodurch der Ackerbau sehr gehoben und durch besseres Düngen bessere Ernten hervorgebracht wurden.

Münzen, Maaße und Gewichte

Bis zum Jahr 1866 bestand Deutschland aus 34 Staaten, Fürstentümer, Herzogtümer, Königreiche usw. Österreich und Preußen hatten die Führerrolle. Österreich schied nach dem Krieg 1866 aus dem deutschen Staatenbunde aus und nach dem Kriege 1870/1871 entstand das Deutsche Reich. Bis dahin hatte jedes Land sein Eigenes in Betreff von Münzen, Maaßen und Gewichten. In Norddeutschland, Preußen, Oldenburg, Königreich Sachsen u.a. galten die Thaler. Dagegen in Süddeutschland: Hessen, Baden, Bayern, Württemberg usw. die Gulden-währung.

Wollte man nur einige Meilen weit reisen, so kam man in ein Gebiet, wo Gulden und Kreuzer nicht mehr galten und musste man mit Verlust wechseln lassen. Auch hatten wir beim Handel oft Schwierigkeiten wegen ausländischem Geld, besonders französischem, englischem und niederländischem, weil dieses Geld dem Course unterlag, die Händler es aber immer über Cours auszugeben versuchten. So war es auch mit den Maaßen, die fast jedes Land vom Nachbarland verschieden führte. So gab es eine hessische Elle, eine bayerische und eine badische. In Hessen hatten wir einen Fuß eingeteilt in 10 Zoll, der Frankfurter Fuß hatte 12 Zoll und so ging es von einem Land zum andern. Nachdem 1871 Fürst Bismarck das große Werk der Vereinigung der deutschen Stämme vollzogen hatte, ging er an die Reform aller dieser Missstände. Das war aber nicht leicht, denn das Alte hatte auch seine Anhänger und meinte Jeder, er hätte das Beste. Allein wie Fürst Bismarck in der Diplomatie der eiserne Kanzler war, so war es auch in Bezug auf seine Reformen. Er hat es durchgesetzt, dass wir jetzt eine Sorte Geld, ein Maaß und ein Gewicht haben und kann sich diese Wohltat nur der vor-stellen, der die alten Zustände gekannt hat.

1 Karolin = 11 Gulden

1 Gulden = 60 Kreuzer

1 Kreuzer = 3 – 4 Pfg.[32]

1 Kreuzer = 4 Heller[33]

1 Batzen = 4 Kreuzer

1 Gulden = 1,71 Mark

1 Groschen = 3 Kreuzer

1 preußischer Taler = 1 Gulden

25 Kreuzer = 3 Mark

1 Brabanter (hier gesprochen: „Browenner") = 2 Gulden 42 Kreuzer

Abkürzungen: für Gulden = fl, für Kreuzer = x

1 hessische Elle = 60 cm

Die Schafzucht

Im folgenden will ich die Schafzucht beschreiben, wie sie bei uns betrieben wurde. Bis zum Jahre 1890 hatten wir hier eine Schäferei, welche der Gemeinde gehörte. Es gab Orte, wo die Schäferei einem Standesherrn, andere welche den Bauern oder einem Teil derselben gehörten, dann gab es auch Orte, wo mehrere Schäfereien bestanden. Hier wurden hauptsächlich Lamm- und Zuchtschafe gehalten, auch waren etliche Bauern hier, welche Hämmel hielten.

Im Frühjahr, wenn die Vegetation so weit fortgeschritten, dass man annehmen konnte, die Schafe würden sich draußen ernähren können, so

---

[32] In den meisten Währungssystemen der süddeutschen Region galt: 8 Heller = 4 Pfennige = 1 Kreuzer und 4 Kreuzer = 1 Batzen. In den süddeutschen Staaten mit Guldenwährung ergaben bis 1872 60 Kreuzer einen Gulden. (Quelle: Wikipedia) Laut einer Bemerkung auf S. 41 und wieder auf S. 54 galt hier: 1 Kreuzer = 3 Pfennige.

[33] Nun scheint sich der Chronist zu vertun: Hier müsste 1 Pfennig = 2 Heller bzw. 1 Kreuzer = 8 Heller stehen – siehe vorherige Anmerkung.

zog (schlug) der Schäfer mit den Schafen hinaus. Hier in Gettenau gab es eine Herde von 200 – 300 Stück. Der Pferch wurde durch die Ortsbehörde öffentlich versteigert und wer die ersten Pferchnächte kaufte, musste die Hürden und Schäferhütte hinausfahren und im Herbst, wenn die Schafe heimkamen, auch wieder nach Haus bringen. Das Heimkommen richtete sich nach dem Wetter und dem vorhandenen Futter. Gewöhnlich war die Zeit zum Nachhauskommen im November und Dezember, manchmal bis gegen Weihnachten. An Futter fehlte es im Herbst gewöhnlich nicht, es war aber den Zuchtschafen nicht von Vorteil, wenn sie bei nassem und kaltem Wetter zu lange draußen blieben. Zur Schafweide war hauptsächlich der Biedrich und die Feldseen vorgesehen. Früher, als noch Brachäcker da waren, gaben auch diese einen Teil des Futters ab. Nachdem aber der Kartoffelbau eine immer größere Ausdehnung angenommen, hörte die Brache auf. Die Feldseen kamen als Schafweide auch nur soweit in Betracht, als sie an das Brachfeld grenzten, so dass es vor der Ernte recht knapp war und die Schafe dann einige Zeit in den Wald gingen. Nach der Ernte aber war die Not überstanden, da hatten die Schafe sozusagen das ganze Feld inne.

Zur Zeit der Kornblüte kam auch die Zeit der Schafschur. Bei schönem Wetter wurden die Schafe an die Horloff getrieben und daselbst gewaschen. Es wurden 5 – 7 Mann in die Horloff gestellt (an der Brücke, wo die Eisenbahn über die Horloff geht), die Schafe wurden von der einen Seite hineingereicht, dann gingen sie aus der einen Hand in die andere und bis sie auf der anderen Seite herauskamen, war die Wolle sauber. Wenn die Schafe aus dem Wasser kamen, waren sie oft so sehr mit Wasser beschwert, dass sich manches nicht erheben konnte und so lange liegen blieb, bis ein Teil des Wassers ausgelaufen war. Nach dem Waschen wurden die Schafe auf eine trockene, sonnige Wiese getrieben und wurden bei heiterem Wetter in zwei Tagen trocken. Nun kam der Schäfer mit noch einigen Schäfern aus den Nachbarorten und scherten den Schafen die Wolle ab. Ein Zuchtschaft gab 3 – 5 Pfund, ein Hammel 5 – 8 Pfund Wolle. Ein Teil der Wolle wurde zu Strümpfen, Wämsen und dergleichen verwendet, ein Teil verkauft, und der Rest, welcher auf besondere Art zubereitet, nur grobes Garn gab (weil geringere Wolle), wurde zu Röcken für die Frauen gewebt. Um feines Garn zu bekommen, ließ man auch die Wolle kammen, wobei in der Regel weiße und schwarze durcheinander kam und dann das Ganze eine schöne graue Farbe bekam.

Das Wollkammen ist ein eigenes Geschäft, wobei die Wolle mit dazu geeigneten Instrumenten so lange bearbeitet wurde, bis nur die feinen Haare allein, und das Schlechte heraus war.

Das Ruhmal

Unter den vielen Sachen, welche ich in diesem Buche erwähnte, welche früher bestanden und jetzt nicht mehr da sind, befindet sich auch das Ruhmal. Ich persönlich habe das Ruhmal hier in Gettenau nicht gekannt, aber der Platz, nachdem man „am Ruhmal" nennt, hat es nicht weit vom Ort nach Beienheim zu gegeben (gestanden), das Echzeller[34] aber habe ich gekannt und will ich seine Art und Gebrauch beschreiben.

Früher waren andere Verhältnisse als jetzt. Es gab viele kleine Leute, welche zwar eine Kuh, aber kein Fuhrwerk hatten und wurde infolgedessen viel nach Hause getragen, besonders Grünfutter, Gras, Klee, Unkraut usw. Wenn nun ein Mann oder eine Frau mit einer Last, welche bis zu 1½ Zentner schwer war, bis zum Ruhmal gekommen war, dann wird ein Gottlob sich ihnen entrungen haben. Dann wurde die Last oben darauf gelegt und die Träger setzten sich auf die neben angebrachte Bank.

Das Ruhmal bestand nämlich aus zwei schweren eichenen Pfosten, welche ungefähr 6 Fuß = 1½ Meter hoch, ungefähr zwei Meter voneinander standen und oben mit einer schweren Bord gedeckt war. Die Bank, ebenfalls eine solche Bord, war neben angebracht und für 4 bis 5 Personen berechnet. Hatten nun die Betroffenen sich ausgeruht, so konnten sie ihre Bürde wieder ohne fremde Hilfe auf Kopf oder Schulter nehmen und nach Haus gehen.

---

[34] Das Flurstück „Bei dem Ruhmal" liegt am Södeler Weg unterhalb der Maschinenhalle von Hugo Reitz - vgl. *1200 Jahre Echzell*, S. 365 f.

Das Storchennest auf unserer Kirche

Es war im Jahr 1868 auf Petritag (22. Februar) als ich die Kinder vor unserem Hause singen hörte: „Storch, Storch, Steine, flieg über Haine" usw. Ich ging ans Tor und sah, dass ein Storch sich aufs Kirchendach niedergelassen hatte. Er stand auf der Stelle, wo später das Storchennest erbaut wurde. Es war gelindes Wetter und zwei Tage später kam der zweite Storch an. Nun fingen sie zu bauen an, es stellten sich aber diesem Bauen Hindernisse entgegen. Erstens sind die Sockel an unserem Kirchengiebel nicht flach, sondern erhaben, und zweitens war das Wetter umgeschlagen, statt gelinde war es stürmisch geworden und wenn die Störche etwas Reiser oder Dornen auf ihren erhöhten Platz getragen hatten, so jagte es ihnen der starke Westwind wieder herunter. Alle Mühe, welche sich das Storchenpaar in diesem Jahr gab, war umsonst. Die Eier, welche Frau Storch gelegt, sind mit dem angefangenen Nest heruntergefallen und zerbrochen. Die Störche standen traurig bald hier und da auf einem Scheunendach, auch unserem Dach erwiesen sie die Ehre eines Besuches und besonders oft standen sie auf der Scheuer von Heinrich Rühl I (Bierbrauer), jetzt Kirchstraße No. 7. Im Herbst zogen sie, ohne etwas ausgerichtet zu haben, wieder nach Süden. Im nächsten Jahr kamen sie wieder, es war aber etwas später und zwar kamen sie fast zu gleicher Zeit. Nun hätte genannter Rühl, der ein großer Tierfreund war, ein Liebhaber von schönem Vieh, Tauben, Hunden, Kühen usw., gar zu gern das Storchennest auf seiner Scheuer gehabt und ließ sich von einem Dachdecker zwei Bündel Dornen, durch Bandeisen verbunden, auf seinem Scheuerdach anbringen, so dass ein Bündel hüben, das andere drüben lag und hätten so die Störche leicht einen Anfang gehabt. Rühl hatte aber die Rechnung ohne die Störche gemacht. Diese flogen wohl dabei, besahen sich die Stelle, statt aber auf dem Anfang weiter zu bauen, zogen sie einen Dorn nach dem anderen mit ihrem Schnabel heraus und trugen ihn auf ihren, auf der Kirche ausgesuchten Platz. In diesem Jahre waren sie glücklicher als im vorigen, es war nicht so stürmisch und dann geschah noch etwas, war es Zufall oder Absicht? Der eine Storch, wahrscheinlich Frau Storch, blieb auf dem Nest, während der andere das Material zum Bauen herbei trug. Weiter glaube ich, dass die Nähe des Eierlegens die Störchin veranlasst hat, auf dem Nest zu bleiben. In diesem ersten Jahre hatten sie fünf Eier, welche alle ausgebrütet wurden. Einer der Jungen war aus dem Nest gefallen und umgekommen. Ob er, wie vielfach behauptet wird, von den Alten aus Futtermangel herunter geworfen wurde, kann man nicht sagen. In den langen Jahren bis jetzt sind selten vier Jungen davongekommen, meistens drei.

Durch das jährliche Aufbauen war allmählich das Nest zu einer Höhe gekommen, wo es nicht mehr dem stürmischen Westwind widerstehen konnte, auch hatte es sich bedenklich geneigt und eines Morgens lag es auf dem Pflaster, Kirchendiener Schäfer hat es weggefahren. Es waren zwei Wagen voll verfaultes Holz, Stroh, alte Lumpen, Wäschestücke, eine Weste und Windeln wurden daraus hervorgezogen. Als im darauffolgenden Frühling die Störche kamen, mag ihnen die Zerstörung wohl befremdend gewesen sein, der Bau aber war diesmal leichter indem noch einige Reiser und etwas Schmutz auf dem Platz zurückgeblieben war und das neue Nest gleich wieder Halt bekam.

Das Bierbrauen

In früheren Jahren, bis in die 1850er Jahre wurde in hiesiger Gegend Bier auf eigene Art gebraut. Ich will hiermit das, war ich darüber weiß, der Nachwelt überliefern. In den Orten Gettenau und Echzell standen je ein Brauhaus, dasjenige von Gettenau in der Pitze (Bitze) nahe der Horloff. Dasselbe wurde von Heinrich Fey gekauft und zum Wohnhaus umgebaut. Das Echzeller stand ebenfalls dicht an der Horloff über der Brücke an der Bisseser Straße. Dasselbe ist abgebrochen und der Platz, worauf es stand, ist von Georg Stoll, welcher nahe dabei wohnt, angekauft worden.

Das Brauen wurde folgendermaßen betrieben: Es taten sich 4 – 6 Leute zusammen, Verwandte, Nachbarn oder wie sie gerade zusammenpassten, zu einem Gebrau Bier. Der Bierbrauer, welcher auch das Küferhandwerk betrieb, hielt die Fässer in Ordnung. Alle Geräte, welche zum Brauen nötig waren, enthielt das Brauhaus. Die Materialien wie Hopfen und Malz lieferten die Leute selbst. Der Hopfen wurde in den Gärten selbst gezogen und kostete wenig Mühe, er bildete einen Teil der Einfriedigung. Im Frühjahr wurden 5 – 6 Meter lange Stangen dabei ge-

steckt, wo der Hopfen hinaufwuchs. Im Herbst wurden die Reben abgeschnitten, die Blüten abgepflückt, getrocknet und gut aufbewahrt. Zum
Malz wurde die beste Gerste genommen, angefeuchtet, dass sie keimte,
dann beim Ofen auf Hürden getrocknet und geschroten. Wenn nun im
März das Bier gebraut wurde, so wurde es in sogenannten Bütten nach
Hause getragen und in die Fässer gefüllt, wo es vergor. Die Hefe wurde
zum Kuchenbacken verwendet. Das Bier wurde weniger als Genussmit-
tel, wie als Nahrungsmittel angesehen und verwendet. Es wurde vielfach
als Warmbier als Kaffee getrunken. Biersuppe gab es oft mittags und
abends. Bei Feldarbeiten wurde oft ein Krug Bier mitgenommen, anstatt,
wie es später üblich war, eine Kanne Kaffee. Auf einmal war es mit dem
Bierbrauen fertig. Es wurde nämlich eine Steuer darauf gelegt. Obschon
dieselbe nicht hoch war, so wurde das Brauen doch aufgegeben. Unser
Nachbar Friedrich Kriegck, welcher der Brauer bis dahin gewesen war,
trieb nun das Geschäft auf eigene Rechnung noch längere Zeit in seiner
Hofreite fort. Dem Preis des Bieres nach zu urteilen, welches ich noch
von meinem Nachbar bezog, kann die Steuer nicht hoch gewesen sein,
denn es stellte sich der Schoppen (= ½ Liter) auf etwa 1 Kreuzer (= 3
Pfg.).

Die Wasserstuben

Man könnte auch sagen „Wasserbrücke", denn einer Brücke sah die Vor-
richtung, welche hier beschrieben werden soll, ähnlicher als einer Stube.
Durch diese Wasserstuben wurde das Wasser eines Flusses über einen
anderen Fluss geleitet. Das Flussbett der neuen Horloff liegt bedeutend
höher als das angrenzende Gelände. Dadurch erklärt es sich auch, dass
die Wasserläufe, welche von Berstadt kommen, und der Graben, welcher
von Wölfersheim kommend zwischen Gettenau und Echzell durchführt,
unter dem Bachbett der neuen Horloff her in die alte Horloff geleitet
werden.

Vor hunderten von Jahren ist bei uns in der Ebene Mangel an Mühlen
gewesen. Soviel ich aus mündlichen Überlieferungen erfahren habe, hat
in Gettenau eine Windmühle gestanden im Feld nach Beienheim zu, wo
es jetzt noch „An der Windmühle" heißt. In Echzell hat auch ein Mühl-
chen gestanden, in der Gegend, wo jetzt das Wehr ist, heißt man's „An

der alten Mühle". Aber leistungsfähige Mühlen anzulegen, dazu fehlte das nötige Gefälle. Um dieses Gefälle zu bekommen, hat man ein neues Flussbett angelegt, die neue Horloff genannt, während das ursprüngliche Bachbett die alte Horloff heißt. Das Bachbett der neuen Horloff, anfänglich auch der Mühlgraben genannt, beginnt zwischen Echzell und Grund-Schwalheim und geht bis Reichelsheim. Um nun das Gefälle für die Bingenheimer Mühle herauszubringen, musste der Wasserlauf der neuen Horloff über die alte Horloff durch eine sogenannte Wasserstube geleitet werden und musste, um die Mühle bei Reichelsheim anzulegen, die neue Horloff abermals über die alte durch eine Wasserstube geleitet werden. Die erste, welche in der Gemarkung Bingenheim in der Nähe der Bingenheimer Mühle war, musste von den Gemeinden Echzell, Bingenheim, Gettenau und Heuchelheim unterhalten werden und zwar von Echzell zu ½, Bingenheim ¼ und von Gettenau und Heuchelheim zu ¼. Die andere Wasserstube gehörte Reichelsheim allein. Bis zum Jahre 1870 bestanden beide aus Eichenholz. Sie hätten vielleicht noch lange gestanden, wenn sie immer rechtzeitig repariert worden wären. Nun entschloss man sich, eine neue aus Eisen machen zu lassen. Diese eiserne hat aber nicht lange gedauert. Schon nach 15 Jahren war sie verrostet und hätte die Reparatur schweres Geld gekostet. Da nun zu dieser Zeit der Bingenheimer Müller Balthasar Weber sich herbeiließ die Müllerei aufzugeben, wurde er von den Gemeinden mit 24.000 Mark entschädigt und erhielt außerdem das Gelände des trocken gelegten Bachbettes. Die Wasserstuben waren jetzt nicht mehr nötig, indem das Wasser zusammen der Reichels-heimer Mühle zufloss.

Die Aufzeichnungen meines Vaters Ernst Philipp Stoll sind hiermit beendet.

Gettenau, den 17. Mai 1931

Philipp Stoll

Die Aufzeichnungen des
Philipp Stoll
(1874 – 1959)

Philipp Stoll

Bürgermeister von Gettenau 1910 - 1914

Mein Geburtstag ist, wie aus den Schriften meines Vaters zu ersehen ist, der 24. Juni 1874. In meinem 6. Lebensjahr war ich sehr schwer an Halsbräune[35] erkrankt. Herr Dr. Buchhold, Echzell und Herr Dr. Becker, Friedberg, retteten mich durch einen Luftröhrenschnitt vor dem Erstickungstod. Damals sind hier fünf Kinder meines Alters an dieser tückischen Krankheit gestorben. Mein Lehrer war während meiner ganzen Schulzeit Herr Wilhelm Roos, gebürtig von Echzell, welcher ungefähr 52 Jahre Lehrer war[36]. Die beiden ersten Jahre nach meiner Confirmation besuchte ich die landwirtschaftliche Winterschule in Büdingen.

In meinem 20ten Jahr wurde ich zum Militär ausgehoben und zwar zum Infanterie-Regiment No. 115 (Leibgarde) in Darmstadt. Ich kam in die dritte Companie unter Herrn Hauptmann Stubenrauch. Im zweiten Jahr meiner Dienstzeit wurde ich zu unserem Bataillonskommandeur, Herrn Major von Oppeln-Bronikowski als Pferdebursche kommandiert.

Der Herr Major war im Dienst zwar ein sehr strenger Vorgesetzter, aber außer Dienst ein gütiger, leutseliger und ehrenhafter Mann, an den ich stets mit hoher Verehrung denken werde. Im Juni 1896 wurde er nach Königsberg in den Generalstab versetzt. Er nahm mich dorthin mit, und ich erhielt dadurch Gelegenheit eine Reise durch Deutschland zu machen.

Während meines Aufenthalts in Königsberg habe ich Ausflüge gemacht, um die Umgegend kennen zu lernen, unter Anderem war ich auch im Ostseebad Kranz und habe dort mit einigen Freunden eine Fahrt im Segelboot auf der Ostsee unternommen.

Der Herr Major wurde hier zum Oberstleutnant befördert. Ich habe dann noch während der Manöver auf dem Schlosshof Schlobitten im Quartier gelegen (Besitzer: Graf zu Dohna-Schlobitten) und wurde am 18. September 1896 entlassen. Ich hatte dort Kameraden aus Berlin und habe mich auf der Rückreise bei einem derselben, Willy Krüger, einen Tag aufgehalten und mir die Hauptstadt angesehen.

---

[35] Halsbräune: Diphtherie

[36] Wilhelm Roos unterrichtete von 1869 bis 1901 an der Gettenauer Schule

Familiennachrichten

(geschrieben am 14.Mai 1931)

Ich habe mich am 13. Oktober 1897 mit Ottilie Steffan, Tochter des Landwirts Georg Steffan V. dahier verheiratet. In unserer Ehe wurden zwei Kinder geboren:

Ida, geb. am 9. Januar 1900. Am 25. Juli 1925 verheiratete sie sich mit Landwirt Robert Rieß in Weckesheim.

Hugo, geb. am 19. Mai 1905, ist gegenwärtig verlobt mit Marie Schneider von Grund-Schwalheim, Tochter von Gustav Schneider, daselbst.

Von meinen Eltern ist zu berichten:

Mein Vater Ernst Philipp Stoll starb am 1. April 1924 im 81ten Lebensjahr.

Meine Mutter Juliane, geb. Kriegck starb am 24. Februar 1921 im 78ten Lebensjahr.

Von der Familie meiner Frau ist folgendes zu bemerken:

Mein Schwiegervater Georg Steffan V. ist geboren am 9. Juli 1847 zu Gettenau, ist jetzt 84 Jahre alt. Meine Schwiegermutter Emilie, geb. Stoll ist geboren am 29. Juni 1851 zu Gettenau, ist jetzt 80 Jahre alt. Mein Schwager Otto, der Bruder meiner Frau, blieb in der elterlichen Hofreite am alten Friedhof links, Echzeller Straße 2[37]. Er hat sich am 24. Sept. 1908 verheiratet mit Marie Stoll, Tochter des Landwirts Georg Stoll IV. dahier. Sie haben zwei Söhne:

Richard, geb. am 30. Juli 1909,
Walter, geb. am 10. Oktober 1910.

---

[37] Heute Hauptstraße 68

Familie Stoll 1933

Hinten stehend v.l.: Marie und Hugo Stoll, Ida und – mit Tochter Elsbeth auf dem Arm – Robert Rieß, Richard und Walter Steffan.

Vorn sitzend v.l.: Philipp und Ottilie Stoll, Emilie Steffan und Georg Steffan V., Marie und Otto Steffan.

Der Großvater meiner Frau (von Mutters Seite) Georg Stoll II. starb am 14. April 1914 im 86ten Lebensjahr (Zungenkrebs).

Die Großmutter meiner Frau, Katharina Marie, geb. Steffan starb am 26. Januar 1913 im 84ten Lebensjahr.

Der Großvater meiner Frau (von Vaters Seite) Heinrich Steffan IX., wohnhaft in der Wiesengasse Nr. 6, starb am 23. April 1885 ganz plötzlich am Herzschlag.

Die Großmutter Katharine, geb. Klapper starb am 16. Januar 1900. Sie war die Erste, die auf den neuen Friedhof kam.

Ottilie Stoll geb. Steffan

* 4.8.1873 - † 5.4.1945

Die Familie Stoll

gehört zu den ältesten Familien der Wetterau und von Oberhessen. Bereits im Jahre 1376 am 21. Oktober kommt urkundlich ein Girlach Stolle vor, der an diesem Tag dem Jungfrauenkloster zu Ilbenstadt für sich und seine Eltern eine fromme Stiftung von jährlich 12 Schilling Heller macht. (Archiv für hess. Gesch. N.F XIV,2). Am 3. Juli 1402 erscheinen der Glöckner Johannes Stolle zu Klein-Karben und sein Sohn, der Altarist (Kaplan) Johannes Stolle als Zeugen einer Stiftung an dasselbe Kloster (ebenda).

In der freien Reichsstadt Friedberg erscheint seit 1509 eine angesehene Familie Stoll, die zahlreiche Bürgermeister stellte und auch zahlreiche studierte Leute, die auf den Universitäten in Marburg und Herborn studierten. Mit ihnen hängt vermutlich auch die Pfarrfamilie Stoll aus Nidda zusammen. So war Martin Stoll von Nidda Pfarrer im Jahr 1550 in Butzbach. Interessant ist, daß in demselben Butzbach dann 1630 ein Matthias Stolln als Bürgermeister lebte. In Reichelsheim, also in nächster Nähe von Echzell, erscheint schon am 27. März 1482 ein Germund Stolle als Schöffe (Christian Müller, Das Aschaffenburger Kopialbuch des Klosters Hirzenhain). Diese Reichelsheimer Stolle sind ohne Zweifel die Ahnen der Echzeller Stolle, die bei Beginn des Kirchenbuches in Echzell bereits in 4 - 5 Stämmen erscheinen.

Von Echzell wanderte ein Zweig um 1650 mit Peter Stoll nach Bad Nauheim, wo sie bald die Ehrenstellen als Schultheißen innehatten und wo sie heute noch in zahlreichen Zweigen blühen. Auch die Kaichener Schultheißenfamilie Stoll stammt aus der obengenannten alten Heimat der Stoll in Ilbenstadt, wo 1543 Henn Stoll begütert ist. Sein vermutlicher Sohn Jakob Stoll, zuerst Unter... in Ilbenstadt siedelte 1605 nach Kaichen über. Dort sind alte Grabsteine mit dem Waqppen Stoll, den gekreuzten Schultheißenstäben, zum Teil mit 3 - 4 Rosen umgeben, dem alten deutschen Gerichtssymbol. An dem großen Hofgut des Jakob Stoll 1760 ist ein Wappenstein mit demselben Wappen, das heute alle Wetterauer Stolle führen,. Der Name Stoll bedeutet, gerade auch in der älteren Form Stolln und Stolle, immer Pfosten, eine Stütze.... Gebälk sei es Hufeisen (??) oder in einem Bergwerk. (Daher der Name Stollwerk im Kohlengebiet Auf dem Stollpfahl stollen heißt in der Gerbersprache gare Felle von den Haaren befreien.

Die Familie Stoll darf stolz sein auf ihr uraltes Geschlecht und Wappen

Geschrieben von Philipp Stoll (1874 - 1959)
Landwirt in Gettenau

Aus: Walter Stoll, Chronik und Familienbuch der Stoll von Echzell

Der Postverkehr

Bevor die Bahn von Friedberg nach Nidda gebaut war und es noch keine Autos gab, wurde der Verkehr von Echzell nach Friedberg durch einen Postwagen hergestellt. Der Posthalter war Philipp Steffan von Echzell, der Besitzer vom Gasthaus „Zum weißen Ross", gegenüber der „Traube". Der Postwagen war gebaut wie ein schwerer Landauer und fuhr täglich zweimal. Morgens um 6 Uhr nach Friedberg, mittags um 12 Uhr zurück, nachmittags um 4 Uhr zum zweiten Mal und abends um 9 Uhr wieder zurück. Steffan hielt sich zu diesem Zweck fünf Pferde und einen Kutscher, Postillion genannt. Letzterer hatte eine besondere Uniform und war mit einem Posthorn ausgerüstet, womit er in den Ortschaften durch ein Signal seine Ankunft kund gab und in der Zwischenzeit zu seinem Vergnügen Lieder blies. Er fuhr über Bingenheim, Reichelsheim, Dorn-Assenheim, Ossenheim, Fauerbach nach Friedberg. Für den Personenverkehr wurde die Post wenig benutzt, weil die Fahrt teuer war. Sie kostete 1,70 Mark von Gettenau nach Friedberg. Der Postillion brachte die Briefe, Zeitungen und Pakete von Friedberg mit. Dann ging noch ein kleiner Postwagen, ein Einspänner, von Echzell nach Oberwiddersheim, welchen ein Mann namens Knaus fuhr. Die Posthalterei wurde von Adolf Konrad in Reichelsheim übernommen, nachdem Philipp Steffan sie aufgegeben hatte. Als die Bahn in Betrieb genommen wurde, hörte der Postverkehr auf.

Ich möchte hier noch erwähnen, dass damals zwei Botenfrauen von hier, eine namens Margarethe Elisabethe Wetzstein, genannt Gretebeth, viele Besorgungen machte. Sie hatte ein kleines Pferdchen und fuhr wöchentlich zweimal nach Friedberg mit Eiern und Butter und brachte viele Waren von dort mit. Eine andere Botenfrau, Karoline Herzberger, fuhr Mittwochs und Samstags mit einem Hundewägelchen, mit zwei großen Hunden bespannt, nach Friedberg.

Noch früher, als die Bahn nach Friedberg noch nicht ging, haben die Geschäftsleute den weiten Weg nach Frankfurt zu Fuß machen müssen. Die Federviehhändler schoben ihre Waren auf einem einrädrigen Schubkarren nach Frankfurt. Ein Erlebnis, das mein Großvater Heinrich Kriegck V. erzählt hat, will ich hier anschließend wiedergeben:

Mein Großvater fuhr mit einem Wagen voll Heu nach Frankfurt. Am Vilbeler Berg traf er an einer besonders steilen Stelle den Federviehhändler Ostheim von hier, welchen er bat, doch ein wenig an seinem Wagen zu drücken, bis er über die schwierige Stelle hinweg war. Ostheim lehnte dies ab mit den Worten: „Für drei Batzen bekommst du einen Vorspänner!" Mein Großvater war über diese Ungefälligkeit erbost. Auf dem Rückweg holte mein Großvater den Händler Ostheim wieder ein. Dieser rief ihm zu: „Heinrich, Du könntest mich mitnehmen, ich will meinen leeren Schubkarren auf Deinen Wagen stellen." Mein Großvater antwortete ihm mit dessen eigenen Worten: „Für drei Batzen bekommst Du einen Vorspänner!" und fuhr weiter.

Ich will nun noch einige **Gegenstände** beschreiben, die durch die Neuzeit verdrängt und durch bessere Geräte, beziehungsweise Maschinen, ersetzt worden sind.

Der Mahltrog

war ein aus einem schweren halbkreisförmigen Eichenstamm gefertigter Trog, in welchem die Äpfel zur Bereitung von Apfelwein vermahlen wurden. In dem Trog lief ein großer Sandstein von 1 m Durchmesser, der von zwei Männern bewegt wurde. Durch die Mitte des Steins ging ein Baum 2 m lang, welcher drehbar an der Wand befestigt war. Die beiden, die den Stein bewegten, gingen abwechselnd vor- und rückwärts, jeder war mit einem spitz auslaufenden Holzlöffel ausgerüstet, mit welchem er die Äpfel immer wieder in die Mitte des Troges brachte. Dieses Hin- und Herschieben wurde solange fortgesetzt, bis das Mahlgut ganz zerquetscht war. Jetzt ist dieses Gerät durch die Apfelmühle ersetzt, die vielfach durch Motor betrieben wird.

Die Strohbank

war die Vorläuferin der Häckselmaschine. Ich habe sie nur noch ganz vereinzelt angetroffen. Das Gerät bestand aus einer Bank, ähnlich der der Häckselmaschine, in welche das Stroh gelegt wurde. Ein langes, großes sensenartiges Messer, welches unten beweglich befestigt war, wurde an einem Handgriff in die Höhe gehoben und das Stroh, welches mit der linken Hand nach jedem Schnitt ungefähr 1 cm vorgerückt wurde, durchschnitten.

Mit der Spannsäge

musste der ganze Holzvorrat mit der Hand kleingesägt werden. Jetzt geschieht dies mit der Kreis- oder Bandsäge.

Das Stoßeisen

in unserer Mundart *„Stompeise"* genannt, war ein S-förmiges schweres Messer, ungefähr 25 cm lang und 10 cm breit mit 1 m langer Handhabe. Es diente dazu, Futterkartoffeln, rohe Dickwurz und anderes in einem Holzgefäß kleinzustoßen.

Die Petroleum-Lampen

waren, bevor das Elektrizitätswerk gebaut wurde, die einzigen Lichtspender. Sie werden jetzt nur noch zur Aushilfe beibehalten, wenn der elektrische Strom versagt. Neuerdings kommen die Petroleum-Sturmlaternen wieder zu ihrem Rechte, weil wegen dem starken Auto-Verkehr niemand mehr ohne Laterne fahren darf.

Die Eimer

wurden alle von Eichen- oder Kiefernholz verfertigt mit Bandeisenreifen. Als die Zinkeimer in den Gebrauch kamen, waren sie anfangs gar nicht beliebt, weil sie zu sehr „rappelten".

Die Zeit vor dem Weltkriege

verlief im Allgemeinen ohne besondere Ereignisse, es war eine Zeit des wirtschaftlichen Aufstieges und des Wohlstandes. Im Jahre 1899 haben wir von Heinrich Muth V. dahier einen Acker im Melbacher Feld gekauft, 18.465 qm zum Preis von 5.908 Mark und später noch zwei Morgen am Steinern See von meiner Schwester Minna. Im Jahre 1908 haben wir den Bau hinter dem Hause bis an die Scheuer neu gebaut. Es stand dort ein alter Holzschuppen, hinter dem Hause war ein Brunnen, welcher durch die Wasserleitung entbehrlich wurde und zugeschüttet wurde.

Die Wasserleitung

wurde in den Jahren 1908 und 1909 gebaut und sind wir an die Gruppe B des staatlichen Wasserwerks Bad-Nauheim angeschlossen. Unser Wasser kommt aus einer sehr ergiebigen Quelle bei Lauter. Zur Gruppe B gehören die Orte Beienheim, Weckesheim, Heuchelheim, Bingenheim, Gettenau, das Forsthaus, Grund-Schwalheim und Bisses.

1910 wurde ich zum Bürgermeister gewählt.

1913 wurde Gettenau an das Elektrizitätswerk Wölfersheim angeschlossen.

1915 wurde die Kanalisation durchgeführt.

Die Industrie

entwickelte sich zu hoher Blüte. Viele Arbeiter zogen vom Land in die Stadt, weil sie dort reichlichen Verdienst fanden. Auch die Dörfer, welche in der Nähe der Städte lagen, wuchsen schnell oft auf die doppelte Einwohnerzahl an durch Zuzug von Arbeiterfamilien, so z.B. Dorheim bei Friedberg. Bevor die Bahn gebaut war und wir noch unsere Produkte per Achse nach Friedberg fuhren, waren, wenn wir durch Dorheim fuhren, die Wirtschaft Bingel (jetzt Fuchs) jenseits der Wetter links und rechts die Mühle Schudt die ersten Häuser. Jetzt hat sich von der Wetter bis zum Bahnhof noch eine ganze Straße gebildet. Ebenso ist am anderen

Ende rechts von dem Breidenbach'schen Anwesen ein ganzes Dorf von Arbeiterhäusern entstanden.

Die Landwirtschaft

hatte sich ebenfalls gut entwickelt durch Anwendung künstlicher Düngemittel, durch Verbesserung der Viehschläge, Hochzüchtung der Getreide-Arten, Verwendung besserer Geräte und Maschinen, wurden gute Ernten erzielt und der Wohlstand gehoben. Durch rege Bautätigkeit hatten auch die Handwerker ein gutes Auskommen.

Größere landwirtschaftliche Betriebe, d.h. für die hiesigen Verhältnisse, die aus ca. 100 Morgen eigenem Besitz bestanden, befanden sich einige in jedem Ort.

In Echzell:	Bürgermeister Heinrich Reitz, Otto Höres, Georg Schmidt, Wilhelm Reitz und Philipp Steffan.
In Gettenau:	Bürgermeister Heinrich Muth IV., Heinrich Steffan VI. Weidgasse, Georg Möbs.
In Bingenheim:	Bürgermeister Lahm und Balthasar Weber (Bingenheimer Mühle).
In Heuchelheim:	Otto Stoll.
In Staden:	May, Hammel, Schuldt, Grießmer und Laukert.

Merkwürdigerweise haben sich viele dieser schönen Bauernwirtschaften in den letzten Jahrzehnten zerschlagen, resp. verkleinert, teilweise durch schwere Schicksalsschläge in den Familien. Der einzige Sohn des Bürgermeisters Reitz von Echzell, Hugo, war mit seiner Cousine Ottilie Muth, der einzigen Tochter des Heinrich Muth V. von Gettenau verlobt. Einige Tage vor der festgesetzten Hochzeit im Herbst 1899 starben beide an Typhus. Die einzige Tochter des Otto Höres von Echzell hatte einen Arzt, Dr. Küchel von Butzbach geheiratet. Die Grundstücke wurden dann einzeln verpachtet. Die Tochter des Balthasar Weber, Bingenheimer Mühle, heiratete einen Apotheker. Das Gut wurde an Georg Mogk in Blofeld verkauft. Dieser verkaufte es wieder an Adolf Koburger von Reichelsheim.

Bei diesen angesehenen Bauernfamilien herrschte vor dem Kriege ein großer Wohlstand, da sie neben ihrem Grundbesitz fast alle noch ein ansehnliches Barvermögen, bis zu 100.000 Mark und darüber, ihr Eigen nannten. Durch die Inflation in den Nachkriegsjahren ist dieses Vermögen und damit der gesamte Wohlstand vernichtet worden. Unser Betrieb umfasste 48 Normal-Morgen. Der von Heinrich Muth V. gekaufte Acker im Melbacher Feld wurde 1918 durch die Grube Wölfersheim erworben und gegen staatliches Gelände im Gettenauer Feld umgetauscht, so dass er an den Teufelsee zu liegen und dadurch bedeutend näher kam.

Nun noch einiges über die **Betriebsweise:**

Als Handelspflanzen werden hauptsächlich Weizen und Kartoffeln, in geringer Menge auch Gerste und Zuckerrüben angebaut. Sämtliche Getreidearten leiden hier vielfach durch Lagern, was bei den schweren Böden der Nachbargemeinden Bingenheim, Bisses, Grund-Schwalheim, Leidhecken usw. weniger zu befürchten ist. Die Körnerfrüchte werden dort kernhafter und schwerer, dagegen gedeihen die Kartoffeln und Dickwurz hier vorzüglich. Gettenau hat sich in den letzten Jahren fast ganz auf die Zucht von Saatkartoffeln eingestellt. Zwei junge Kaufleute von hier, Wilhelm und Heinrich Naumann, besorgen alljährlich eine Menge Original-Saatgut aus den bewährten Hochzuchten Ostdeutschlands und schaffen dann wieder fast alle verkäuflichen Kartoffeln als Saatgut fort.

In der **Viehzucht** fangen die schwarzbunten Holländer Kühe an, die Simmentaler Gelbschecken zu verdrängen. Von ersteren erhofft man einen höheren Milchertrag. In der Schweinezucht streiten sich ebenfalls zwei Schläge um den Vorrang. Das deutsche Edelschwein mit kurzen Ohren und das veredelte Landschwein mit Schlappohren. Eine sehr gute Zucht des deutschen Edelschweines befindet sich in Lang-Göns. Der dortige Schweinezuchtverein hat durch jahrzehntelange zielbewusste Arbeit ein edles, schönes, schweres Schwein hervorgebracht. Der Verein bezieht sein Zuchtmaterial zur Blutauffrischung dauernd aus Zwischenahn in Oldenburg.

Als **Arbeitspferde** wurden seither fast ausschließlich schwere Belgier verwendet. In letzter Zeit macht sich wieder eine gewisse Liebhaberei für das Oldenburger Pferd bemerkbar. In der staatlichen Hengsthaltung ist in diesem Jahr (1932) eine Änderung eingetreten. Die Hengste waren früher alle in Darmstadt im sogenannten Marstall untergebracht und kamen jedes Jahr von Februar bis anfangs Juli heraus auf die Hengststationen, wo sie von staatlich angestellten Gestütsdienern betreut wurden. Unsere nächsten Stationen waren: Reichelsheim, Berstadt, Dauernheim, Nieder-Wöllstadt, Butzbach, Ulfa, Düdelsheim. Jetzt werden die Hengste an Bauern in Pflege gegeben, die als gute Pferdepfleger bekannt sind. Dort bleiben sie das ganze Jahr und dürfen auch zu leichten Arbeiten genutzt werden. Eine solche Deckstation ist jetzt auch in Echzell bei Wilhelm Reitz II.

Durch die schwierige Beschaffung von landwirtschaftlichen Arbeitern hat sich die **Arbeitsweise** seit der Jahrhundertwende auf Maschinenbetrieb eingestellt. In meiner Jugend wurde alles Gras mit der Sense gemäht. Es wurden nach Bedarf 3, 4 und mehr Männer bestellt, und dann ging es morgens oft schon um 2 Uhr nach der Wiese, wo am Abend vorher der „Abgang" oder das „Wahd" (das ist die Grenze) gegangen worden war. Gegen 9 Uhr morgens, wenn es trocken wurde und die Sensen nicht mehr schnitten, ging's nach Hause. Das Wenden des Heues wurde dann ausschließlich mit Handrechen ausgeführt, wozu man dann auch wieder Taglöhner haben musste. Durch Einführung der Grasmäher und Heuwender, welches 1897 – 1900 geschah, wurden diesen anstrengenden und zeitraubenden Arbeiten große Erleichterung geschaffen. Die kombinierten Schwadenrechen und Wender kamen erst später in den Betrieb.

Das Schneiden der **Frucht** geschah nur mit der Sichel, eine mühselige, langwierige Arbeit. Trotzdem war es durch fortgesetzte Übung möglich, ganz ansehnliche Leistungen zu vollbringen. Unsere Nachbarn Johannes und Georg Karl Rühl haben oft während der Ernte 40 Morgen Frucht für andere Leute mit der Sichel geschnitten. Dann kam das Mähen mit dem Reff in Gebrauch. Man nannte dies „Widerhauen". Mit der Sichel wurde dann „abgenommen", d.h. die Frucht regelrecht in kleine Häufchen, „Klecken" genannt, gelegt, von welchem man ungefähr sechs zu einer Garbe benötigte. Die Klecken blieben einige Tage zum Dörren in der Sonne liegen, ehe sie zu Garben gebunden wurden. Hierzu benutzte man Strohseile, die im Winter aus langem, zu diesem Zweck hergerichtetem

Roggenstroh angefertigt wurden. Dieses Roggenstroh musste aus Flegeldrusch hervorgegangen sein und wurde „ausgeschabt", d.h. alle kurzen Halme wurden ausgeschüttelt. Ein gewandter Arbeiter konnte in einer Stunde ein Fuder Strohseile = 60 Stück anfertigen, das ist in der Minute ein Stück. Das Auftragen und Binden geschah mit dem Bindstecken, einem etwas gebogenen Stock von Armlänge, mit welchem die Klecken auf das ausgestreckte Strohseil getragen, dann mit Hilfe des Steckens die beiden Enden des Seils zu einem kunstvollen Knoten verschlungen wurden, wodurch die Garben sehr fest gebunden wurden. Es wurden dann 8 oder 10 Garben zu einem Haufen gestellt, und zwar so, dass unten 7 standen und 3 oben drauf gelegt wurden. Die Köpfe der oben aufgelegten Garben waren nach dem Häuserhof gerichtet, weil so den schädlichen Einflüssen des Regenwetters am besten begegnet war. Das Auf- und Abladen der Garben ging schneller als bei den kleinen Garben, welche der Garbenbinder liefert. In der Scheuer wurden die schweren Garben mit einem langen Seil, welches auf einer Rolle lief, hinaufgezogen. In Betrieben, wo mit Bindemaschinen gearbeitet wird, sind diese Arbeiten, Anfertigen von Strohseilen usw. ganz verschwunden, in kleinen Betrieben werden sie wohl noch eine Zeit lang beibehalten.

Die **Kartoffeln** wurden in den 80er Jahren noch nur nach dem Pfluge, später nach dem Marqueur[38] gesetzt. Letztere Methode lässt eine viel bessere Bekämpfung des Unkrauts zu, auch ein viel besseres Arbeiten mit der Erntemaschine. Diese Maschinen tauchten auch um die Jahrhundertwende auf, die besten sind bis jetzt die „Harder" mit Holzstäben, die in einem Ring laufen.

Vorher wurde alles mit dem Karst ausgehauen oder ausgepflügt.

Der **Obstbau** hat hier nicht die Bedeutung erlangt wie in einigen Nachbarorten, wie in Blofeld, Borsdorf, Staden, Effolderbach, Altenstadt. In Rodenbach, Ockstadt und Oberrosbach werden hauptsächlich Kirschen gezogen.

Während des Weltkrieges, als unser Außenhandel durch die Feinde lahmgelegt war, lebte der Raps- und Flachsbau wieder auf, da es an Ölen,

---

[38] Marqueur oder Markeur: Furchenzieher – Gerät zur Anzeichnung der Reihen, in denen angepflanzt oder ausgesät wird (Duden).

Fetten und Webwaren fehlte, wurde jedoch nach Öffnung der Grenzen wieder aufgegeben.

Die **Bienenzucht**, welche mein Vater immer betrieb, habe ich weitergeführt. Wenn auch in unserer Gegend selten mit hohen Erträgen zu rechnen ist, so ist diese Zucht doch sehr interessant. In letzter Zeit ist man bestrebt, die Bienenweide zu verbessern und durch Anpflanzen von früh blühenden Kätzchenweiden den Bienen früh Nahrung zu verschaffen. Auch das Wandern in honigreiche Gegenden wird empfohlen, doch wird der Bauer schwerlich Zeit hierzu finden.

Meine Kriegserlebnisse

Im Sommer 1914 sollte die schöne, ruhige Zeit, in der wir lebten, plötzlich ein Ende nehmen. Am 1ten August, mitten in der Ernte, überraschte uns der Mobilmachungsbefehl.

Vor dem Kriege wurden alljährlich im Frühjahr Kontroll-Versammlungen abgehalten, bei welchen alle Leute, die noch der Landwehr angehörten, erscheinen mussten. Dabei wurde jedem ein Gestellungsbefehl ausgehändigt, welcher dem Militärpass vorgeklebt werden musste und welcher für den Inhaber im Falle einer Mobilmachung genaue Weisung enthielt, z.B. „Inhaber dieses Gestellungsbefehls, der Musketier N.N. hat sich am 3ten Mobilmachungstag bei der Pferdeaushebungskommission in Nidda zu melden" oder „hat sich am 2ten Mobilmachungstag beim III. Bataillon Infanterie-Regiment 168 in Friedberg zu stellen". Jeder wusste also ohne besonderen Befehl schon im Voraus, wo er sich zu stellen hatte. Die Aushebung der Pferde fand am 2ten oder 3ten Mobilmachungstag in Nidda statt. Auch die Pferde hatten durch alljährlich stattfindende Musterungen schon alle ihre Bestimmung im Voraus, so dass alles schnell und sicher vonstattenging. Gleichzeitig wurde der Landsturm aufgerufen, es waren die Leute von 39 – 45 Jahren.

Tief einschneidend waren diese Maßnahmen in das Familien- und Wirtschaftsleben. Während 1870 sieben Mann von Gettenau ins Feld zogen, welche alle wohlbehalten zurückkamen, mussten jetzt alle waffenfähigen Männer bis zu 45 Jahren ins Feld, von Gettenau 92 Mann. Davon sind vierzehn gefallen, im Feld gestorben oder vermisst. Es sind dies: Heinrich Weitzel IV., Georg Ostheim V., Wilhelm Baumann III., Max Anton Nowitzki, Heinrich Wenzel, Heinrich Roos, Otto Schreiber, die Brüder Adolf und Otto Kriegck, Wilhelm Wetzstein, Wilhelm Glaub, Hermann Naumann, Heinrich Weiland und Willy Leopold. In Echzell betrugen die Verluste 42 Mann. Viele wurden schwer verwundet. Der Weißbinder Heinrich Herzberger hatte in den Karpaten 1915 durch einen Gewehrschuss beide Augen verloren. Heinrich Hilß hatte in Italien ein Bein verloren. In russische Gefangenschaft kamen Rudolf Köhler und Siegfried Leopold. In französische: Wilhelm Kriegck (später nach Bingenheim verheiratet), Heinrich Möbs und Juda Leopold. In englische: Hugo Wenzel, Heinrich Rau und Heinrich Lahm.

Schwer getroffen wurde auch die Familie von Harnier in Echzell. Major Friedrich von Harnier, der ältere der beiden Brüder, starb im Dezember 1914 an den Folgen eines Bauchschusses, den er schon im August beim Vormarsch durch Belgien erhalten hatte. Der jüngere, Major Wolfgang von Harnier, hatte den rechten Arm verloren.

Ich wurde am 9. September 1914 zum Landsturm-Infanterie-Ersatz-Bataillon XVIII 34 nach Friedberg eingezogen. Zunächst kamen wir nach Oberrosbach ins Quartier, später wurden wir in der alten Post in Friedberg einquartiert. Der Dienst bestand hauptsächlich im Wachdienst. Wir hatten an den Tunnels bei Stockheim und Mittelgründau sowie am Gefangenenlager in Friedberg Wache zu stellen. In der Zwischenzeit wurde auf der Seewiese exerziert. Anfangs November 1914 wurden von unserem Bataillon ein Teil Leute ausgesucht, welche teils nach dem östlichen, teils nach dem westlichen Kriegsschauplatz kamen. Ich gehörte zu Letzteren. Wir wurden in Gießen feldgrau eingekleidet, mit Verbandspäckchen und Erkennungsmarke versehen und mit Gewehr 88 ausgerüstet. Das Landsturmbataillon Friedberg XVIII. 10 war bereits am 2. September nach Markirch[39] im Elsass abgerückt, hatte schon Leute wegen Krankheit entlassen, auch waren schon einige gefallen und forderte nun Ersatz an.

---

[39] heute Sainte-Marie-aux-Mines (deutsch auch *Mariakirch*, elsässisch *Markirch*) im Département Haut-Rhin in der Region Elsass, Hauptort des gleichnamigen Kantons.

Am 11. November 1914 fuhren wir, 80 Mann stark, nach dem Elsass. Da der Markircher Bahnhof verschossen war, wurden wir in St. Kreuz ausgeladen und mussten nach Markirch marschieren. Hier sahen wir die ersten Spuren des Krieges, Granatlöcher und zusammengeschossene Gebäude. Hier trafen wir viele Bekannte und erfuhren auch, dass der Gettenauer Max Anton Nowitzki, von der 3ten Kompanie, bei der Erstürmung des Bernhardsteines gefallen war. (Nowitzki war als Knecht aus Posen zu dem Landwirt Heinrich Steffan VI. gekommen und hatte sich hier verheiratet.) Ich wurde der ersten Kompanie zugeteilt, welcher auch die Gettenauer Theodor Keller, Heinrich Kriegck I., Adolf Schäfer und Heinrich Baumann II. angehörten. Von Echzell waren in der ersten Kompanie Unteroffizier Wilhelm Reuß, Förster Binding, Friedrich Stoll und Wilhelm Müller. In der vierten Kompanie waren noch Wilhelm Rühl II. und Karl Schäfer von Gettenau.

Meine erste Wache war am Westausgang von Markirch, wo wir gleich die Feuertaufe erhielten. Am Westausgang war eine Zufuhrstraße nach der Front und war dort viel Abwechslung. Viele Fuhrleute mit Proviant, Munition, Feldküchen und Kriegsmaterial aller Art wanderten an unserem Wachtlokal vorbei. Hier wurde scharf kontrolliert. Jeder, der in die Stellung und von dort zurück in die Stadt wollte, musste seinen Ausweis vorzeigen. Am Tage verlief alles glatt. Nachts wurde in der Gegend patrouilliert. Um 1 Uhr kehrte ich mit 2 Kameraden von der Patrouille zurück, und kaum hatte ich mich ermüdet auf mein Strohlager ausgestreckt, als wir auch schon durch das Platzen einer Granate in der Nähe aufgeschreckt wurden. Die Granate war im Hause Lothringer Straße 234 eingeschlagen. Und nun kamen sie dicht aufeinander. Es war als hätten sie es auf unser Wachtlokal abgesehen. Schlag auf Schlag erfolgte in nächster Nähe. Hierbei habe ich Unteroffizier Reuß von Echzell als tüchtigen Soldaten kennen gelernt, der durch Unerschrockenheit und Kaltblütigkeit beruhigend auf die Mannschaft einwirkte. Am anderen Morgen haben wir über 80 Einschläge in nächster Nähe unseres Lokals festgestellt. Das Feuer galt der Zufuhrstraße.

Einige Tage später haben wir die Schützengräben bei Klein-Leberau bezogen. Klein-Leberau liegt am Eingang des Leber-Tales, welches von einem kleinen Flüsschen, der Leber durchflossen wird. Mehrere vereinzelt stehende Bauerngehöfte, Fermen genannt, lagen hier zerstreut. Einige derselben dienten uns als Wachtlokale. Nach 3 Tagen wurden wir von einem bayrischen Bataillon abgelöst und kamen auf kurze Zeit nach Straßburg in die Margarethenkaserne. Hier erhielt ich eines Tages Befehl, mich mit noch zwei Kameraden, Lehrer Karl Vogt von Reichelsheim und Gustav Wolf von Bad-Nauheim, bei Oberfeuerwerker Wilhelm im Artillerie-Depot zu melden. Wir sollten an der Front Blindgänger sprengen (Artilleriegeschosse, die nicht krepiert waren). Wir fuhren über Zabern, Saarburg nach Station Gondrexange. Von hier gingen wir nach St. George, wo wir abends noch zwei Blindgänger sprengten. Es geschah dies folgendermaßen: Die Blindgänger wurden zusammengetragen und in ein vorher gegrabenes Loch gelegt. Eine Anzahl Sprengkörper wurde zusammengebunden und auf die Geschosse gelegt. Ein Zünder wird in einen der Sprengkörper gesteckt und in den Zünder die Zündschnur. Nachdem das Loch wieder sorgfältig zugegraben und die Zündschnur in Brand gesteckt war, suchten wir auf dem schnellsten Weg Deckung in einem Unterstand, Feldscheuer oder was gerade in der Nähe war. Die Sprengkörper durchschlagen nach der Zündung die Geschoßwände und bringen so das Ganze zur Explosion. Nach der Explosion mussten wir noch einige Zeit in Deckung bleiben, bis die Sprengstücke alle herunter geprasselt waren. Gewöhnlich war dann von den Geschossen keine Spur mehr zu sehen. Dieses Kommando dauerte 5 Tage. Wir haben dabei noch folgende Orte berührt: Heming, Cirey, Blamont und Richeval und sind dann wieder über Gondrexange und Saarburg nach Straßburg zurückgefahren. Wir haben unser Bataillon dort nicht mehr angetroffen. Es war nach Schettstadt[40] abgerückt und hatte dort die Bahnwache übernommen.

Ich kam hier auf das Kompaniebüro, wo ich fast ein Jahr verblieb. Wir haben mehrmals mit anderen Kompanien den Standort gewechselt, waren eine Zeitlang in Wasselnheim und dann in Erstein. In Erstein hatte ich bei einem größeren Landwirt namens Ringeisen Quartier bezogen, der aber ebenfalls eingezogen war. Er hatte zwanzig Milchkühe und lieferte alle Milch nach Straßburg. Erstein hat sehr guten Lehmboden und sehr gute Wiesen. Da es an Arbeitskräften mangelte, habe ich mich bei

---

[40] So im Typoskript; gemeint ist vermutlich Schlettstadt, das heutige Sélestat.

der Heuernte nützlich gemacht, sämtliches Gras geschnitten (32 Morgen Wiese) und das Heu nach Hause gefahren.

Mitte September 1915 gingen wir wieder an die Front. Es waren zwei Bergrücken, die wir besetzt hielten, der Schulberg und der Haykot, 1000 und 1100 m hoch. Der Weg nach unserer Stellung führte durch den Südwestausgang von Markirch über Eikirch und durch das Rauental bis zur sog. Eselsmatte. Von dort war es nur ein kurzer aber sehr steiler Aufstieg auf den Schulberg. Unsere Bataillonsfuhrwerke schafften alle Bedarfsartikel mit Wagen auf die Eselsmatte. Von dort wurde alles mit Ochsen und Eseln hinaufbefördert. Der Weg nach dem Haykot war so steil, dass es nur in Zickzacklinien (Serpentinen) möglich war hinauf zu kommen. Es war erstaunlich, mit welcher Kraft die kleinen Bergesel, schwere Säcke mit Brot usw. auf dem Rücken, die Steigung überwanden.

Oben war die Kompaniestellung, verschiedene Unterstände für Mannschaften und Offiziere und eine Küche. Die Feldwachen waren auch in Unterständen untergebracht, die aber weiter vorgeschoben waren. Das Bayrische Landsturmbataillon Rosenheim hatte diese Stellung gebaut und ihr einen vollständig bayrischen Charakter gegeben. Die Unterstände trugen große Schilder wie Wirtschaft „Zum Bayrischen Löwen" oder „Bayrische Zunftbude" u.a. Der Offiziers-Unterstand war mit besonderer Sorgfalt hergestellt und trug an der Wand den Spruch:

> *„Der Landsturm hat dies Haus gebaut,*
> *vom Rosenheimer Land,*
> *Die Einen ha'm die Bretter g'haut,*
> *die Andern mal'n die Wand."*

An der Innenwand fand sich der Spruch:

> *„Gott bewahre unsre Herrn Offiziere*
> *vor Granaten und kleine Tiere."*

Auch wir hatten auf dem Schulberg ein Denkmal errichtet, welches aus einer mächtigen Felsplatte bestand mit der Inschrift:

> *„Furchtlos und treu. Landsturmbataillon Friedberg".*

Auf einem Feldwachen-Unterstand, welchen unser Bataillon ausgebaut hatte, konnte man den Spruch lesen:

„In den Vogesen auf treuer Wacht,
stehn tapfere Hessen bei Tag und Nacht,
Wir haben heute die Hütte geweiht,
Burg Friedberg heißt sie für alle Zeit. "

Die interessanteste Feldwache in dieser Stellung war Feldwache 4, die sogenannte „Felsenwache". Der Unterstand war ganz versteckt an einem mächtigen Felsblock angehängt. Oberhalb des Unterstandes war eine große Felsplatte mit meterhohen Rändern, von welcher aus man eine herrliche Aussicht auf das ganze Lebertal und die uns gegenüberliegenden Höhenzüge, welche von den Franzosen besetzt waren, hatte. Diese Höhenzüge hatten folgende Benennung: Tete de Violn, Grande Goutte, Gretschy, Auerhahnfelsen und Hexenfelsen. Unsere Feldwache war die höchstgelegene, weiter unten in der Nähe des Lernytales befanden sich die Feldwachen 3, 1 und 1a. Feldwache 2 lag etwas zurück. Die Stellung war im allgemeinen ruhig, doch hat uns auf Feldwache 1 eine starke französische Patrouille einen Besuch abgestattet und beinahe einen Doppelposten zu Gefangenen gemacht. Gefreiter Fritz Schmidt von Friedberg und Johannes Hensel aus Ortenberg standen in einer stürmischen Nacht auf Posten, feines Schneegestöber verhinderte die Aussicht. Hensel bemerkte jedoch, wie in Schneemäntel gehüllte Gestalten sich am Drahtverhau zu schaffen machten und gab Feuer. Da erhielten die Beiden auch von der anderen Seite Feuer. Nun wurde nach beiden Seiten fest geknallt und die Feinde verscheucht.

Bei der Untersuchung zeigte sich, dass der Drahtverhau an beiden Seiten fast ganz durchschnitten war. Mehrfach wurden hier Patrouillen nach der französischen Stellung unternommen. An einer solchen habe ich am 22. November 1915 teilgenommen. Patrouillenführer war ein junger Leutnant namens Wolkenborn von den 82ern. Dieses Bataillon lag neben uns und gehörte zu unserer Brigade. Es lag hoher Schnee. Wir kamen um ½ 9 Uhr auf einer Schneise nahe bei der französischen Stellung (Grande Goutte) an. Hier warfen wir uns erschöpft in den Schnee und rasteten eine halbe Stunde. Dann schlichen wir uns an den feindlichen Drahtverhau, beobachteten die Ablösung der feindlichen Wachen, gingen 15 Minuten lang der Stellung entlang und kamen an ein Postenhäuschen, das ganz mit Fichtenreisig bedeckt war. Wir hatten alle Schneemäntel an, Leutnant Wolkenborn seinen grauen Mantel. Dadurch war er, als er sich aufrichtete, um mit dem Feldstecher nach dem Postenhäuschen zu sehen, von der französischen Wache gesehen worden. Es war mondhell. Die Franzosen gaben Feuer und wir mussten uns zurückziehen. Durch das steil abfallende Gelände gingen die Kugeln alle über uns weg, es wurde niemand verletzt.

Ende November 1915 wurde ich zum Unteroffizier befördert und im Februar 1916 erhielt ich das Eiserene Kreuz 2. Klasse. Der Dienst war so eingerichtet, dass immer zwei Kompanien des Bataillons in Stellung waren, 2 Wochen lang, die abgelösten Kompanien hatten 8 Tage Ruhe und übernahmen dann 8 Tage die Wachen in der Stadt. Am 15. April 1916 wurden wir durch das Landsturmbataillon Bonn abgelöst und kamen wieder zurück zur Bahnwache. Ich war eine Zeit lang Wachthabender am Bahnhof Barr. Wir kamen dann nach Lingolsheim ins Quartier, wo wir Arbeitsdienst hatten und Gefangenenbewachung. Von Mitte Mai ab haben wir an den Forts Heu gemacht. Anfangs Juli übernahm ich die Wache „An den sieben Schleußen" bei Plobsheim. Die Wache befand sich auf dem Gut des Barons de Dartain. Das Gut hieß der „Kempferhof ". Hier wurde ich bald wieder nach Fort Werder abgeholt und vertretungsweise mit der Übernahme der Geschäfte des Kompaniefeldwebels beauftragt, da unser Feldwebel Rüb von Merkenfritz wegen Krankheit entlassen worden war. Ende August 1916 erhielten wir einen neuen Feldwebel aus der zweiten Kompanie, namens Laske. Nun ging das Bataillon noch eine Zeit lang nach Mutzig zum Exerzieren.

Anfangs Oktober bezogen wir dann eine andere Stellung, welche das Landsturmbataillon Siegen ausgebaut hatte, im sogenannten „Tanzwald" (bois du dansant). Diese Stellung war von St. Kreuz aus durch das Rombachtal über Chaume de Lusse in zwei Stunden zu erreichen. Hier wurden alle Bedarfsartikel durch eine große Drahtseilbahn von St. Kreuz nach Chaume de Lusse befördert. Diese Stellung trug einen anderen Charakter als die zuerst beschriebene. Wir waren näher am Feind, mitunter 300 mtr. Von Feldwache 4 aus konnte man direkt in die Straßen des halb verschossenen französischen Ortes Wisembach hineinsehen. Auch die Stadt St. Dié konnte man liegen sehen. Etwas links von Wisembach lag das Dorf Gemeingoutte. Südöstlich von Wisembach war eine kleine Fichtenschonung, das Dreieckswäldchen genannt. Die uns gegenüber liegenden französischen Stellungen hatten folgende Benennungen: Bis de Chéna, Wisembach, Dreieckswäldchen und Bois de Beulie. Unsere Feldwachen benannten sich: Feldwache 1, 2, 3 u. 4, Ginsterburg, Wisemburg, Dachsburg, Fuchsburg und Geiß-burg. Dachs- und Fuchsburg waren tief in die Erde eingebaut. Die anderen hatten gute Betondecken. In dieser Stellung wurde ein Patrouillenkommando gebildet, das ich längere Zeit geführt habe. Die 4te Kompanie hat bei diesen Patrouillengängen mehrere Leute verloren: Unteroffizier Hermann Weiß von Södel und Landsturmmann Münch von Wisselsheim. Die 3te Kompanie hatte viele Verwundete.

Östlich von Wisembach war ein größeres Tal mit schönem Graswuchs, die Aubrigoutte-Mulde genannt. Mehrere verschossene Farmen lagen in dieser Mulde, die den Zwischenraum zwischen den beiden feindlichen Stellungen bildeten. Die war der Schauplatz der Patrouillen.

Im Dezember 1916 haben wir, Unteroffizier Reuß und ich an einem Maschinengewehrkursus in St. Kreuz teilgenommen, am 1. April 1917 kamen wir beide auf eine Minenwerferschule nach Kandern in Baden (nahe der Schweizer Grenze). Bald darauf wurde ein besonderes Minenwerferkommando gebildet und in Wanzal eine längere Übung abgehalten. Dann gingen wir eine Zeit lang in die Kompanie zurück. Am 28. August 1917 wurde ich zum Zug- und Gruppenführerkursus nach Barr kommandiert. Hier lernte ich einen Unteroffizier von den 80ern kennen, mit dem ich Freundschaft geschlossen habe: Adolf Runge aus Halle an der Weser. Er war ebenfalls Landwirt und bedauerte es sehr, dass bei seinem Truppenteil so wenig Gleichgesinnte seien, denen er sich anschließen konnte. Übrigens hatte sich auch in unserem Bataillon durch den vielen Ersatz, den wir nach und nach bekommen hatten, ein böser Geist eingeschlichen und eine große Unzufriedenheit Platz gegriffen.

Nach Beendigung dieses Kurses erhielt ich 10 Tage Urlaub. Als ich wieder zur Truppe kam, war inzwischen auf der Rappoldsweiler Höhe ein dauernder Lehrkursus für Minen- und Granatwerfer eingerichtet worden, wo alle 14 Tage andere Leute ausgebildet wurden. Dorthin kam ich als Lehr-Unteroffizier. Um Weihnachten 1917 bezogen wir die Minenwerfer-Stellung auf dem Zuckerhut. Der Dienst bestand hauptsächlich aus Arbeitsdienst. Es wurden geräumige Stollen in die harten Granitfelsen getrieben zum Aufbewahren der Minen. Der Zuckerhut, von den Franzosen „la petite Bouille" genannt, ist ein sehr steiler, fast kegelförmiger

Berg und liegt direkt am Westausgang von Markirch. Bekannt ist der Wasserreichtum der Vogesen. Wir hatten oben bei unserem Unterstand schon ein Quellchen, das uns genügend Wasser lieferte. Die Stellungen waren jetzt mit allen Mitteln der Technik ausgebaut. Auf den Zuckerhut führte ein Schrägaufzug, eine sog. Wickebahn, durch ein Drahtseil von einem Motor auf Schienen gezogen. Eine solche Bahn ging nun auch von der Eselsmatte nach dem Haykot. Alle Unterstände in der Tanzwaldstellung hatten elektrisches Licht, Wasserleitung und Telefon. Beim Sprechen am Telefon musste man allerdings vorsichtig sein, da der Feind imstande war, unsere Gespräche abzulauschen und umgekehrt wir die ihren. Es musste, um den Feind zu täuschen, zu Decknamen gegriffen werden. Feldwache 2 war beispielweise mit dem Decknamen Joseph belegt, Feldwache 3 hieß Damian, Gasalarm Freibier. Wenn nun morgens von der Kompaniestellung die einzelnen Feldwachen abgefragt wurden, hätte naturgemäß das Gespräch lauten müssen: „Hier Kompaniestellung. Ist auf Feldwache 2 noch alles in Ordnung? Die Bayern haben um 9 Uhr Gasalarm, das Läuten ihrer Gongs gilt nicht für Euch." Dies wäre zu deutlich gewesen. Das Gespräch lautete also: „Geht's noch gut Joseph? Bei den Bayern gibt's um 9 Uhr Freibier"!

Wir hatten dem Feinde den Plan eines Trommelfeuer-Überfalls auf die Bayern abgelauscht und wussten auf die Minute, wann der Überfall stattfinden sollte. Selbstverständlich war dann die Stellung rechtzeitig geräumt und die Franzosen hatten nur die leeren Gräben eingeebnet. Nach einigen Wochen bezogen wir die Minenwerfer-Stellung auf dem Haykot. Anfangs März 1918 kam der Befehl, dass der Jahrgang 1874 zurückkomme in die Heimat. Mitte März kamen wir in Butzbach an und wurden wieder dem Ersatzbataillon zugeteilt. Hier hatten wir die Bahnhofswache in Gießen zu stellen. Im Juni 1918 wurde ich dauernd beurlaubt und konnte mich wieder meinem Betrieb widmen.

Am 15. Juli 1918 übernahm ich auch die Bürgermeisterei wieder, welche während des Krieges Beigeordneter Heinrich Ostheim X. geführt hatte. Durch meine Beurlaubung ist es mir erspart geblieben, die traurigste Episode der deutschen Geschichte, den Rückzug des Heeres, mitzumachen. Trauriger und niederdrückender konnte es für einen guten Deutschen nichts geben, als die Nachrichten, welche von Etappe und Front kamen.

Überall wurden Soldatenräte gebildet, welche das Kommando übernahmen, die Offiziere wurden abgesetzt und beschimpft. Unteroffizieren wurden die Achselklappen heruntergerissen, Offizieren die Achselstücke. Eine Abteilung Artilleristen, welche auf dem Rückmarsch hier einquartiert waren, haben regelrecht gemeutert. Sie sollten noch einen Marschtag nach Westfalen machen, weigerten sich aber, noch einmal weiter zu gehen. Sie wollten durchaus von hier aus entlassen sein. Die Offiziere mussten schließlich dem Verlangen stattgeben. Alle Disziplin war verschwunden.

Traurig war das Los der armen Pferde. Überall sah man solche an den Straßen im Schmutz liegen, die vor Schwäche und Überanstrengung nicht mehr weiter konnten. Andere erreichten oft noch in den Dörfern eine Stallung, konnten sich aber am anderen Morgen nicht wieder erheben. Sie wurden meistens totgeschossen oder für 5, 10 oder 20 Mark an die Bauern verkauft, wo sie sich bei guter Pflege oft wieder erholten. Diejenigen Tiere, welche die Strapazen gut ertragen hatten, wurden dann auf Versteigerungen verkauft, welche überall stattfanden.

———————————

Der Kampf in der Heimat

Während wir unter den Waffen standen, hatten unsere Angehörigen in der Heimat einen schweren Kampf mit der Aushungerungspolitik unserer Feinde zu bestehen.

Der Mangel an Arbeitskräften wurde durch die Hilfsbereitschaft Aller überwunden. Wenn jemand mit den Arbeiten im Rückstand war, sprangen die Anderen ein und halfen. Im nächsten Frühjahr wurden dann die fehlenden Arbeitskräfte durch Kriegsgefangene ersetzt. In den Dörfern und Feldern zeigte sich, wenn man in Urlaub kam, ein eigenartiges, ungewohntes Bild. Franzosen mit ihren farbigen Uniformen, rote Hosen, blaue Jacken und roten Mützen, ackerten mit den Gespannen auf dem Felde. Auch Russen und Engländer hatten sich zur Arbeit gemeldet. Das Arbeiten auf dem Felde sagte ihnen besser zu als das eintönige Leben in den Gefangenenlagern. Sie wurden durch Landsturmleute beaufsichtigt, die nicht mehr felddienstfähig waren.

Auf dem Rathaussaal war für die Gefangenen ein gemeinsames Lager errichtet, wo sie sich alle nach Feierabend zur bestimmten Stunde einfinden mussten. Einzelne ergriffen manchmal die Flucht, sie kamen jedoch in der Regel nicht weit. Wir hatten eine Zeit lang einen Russen namens Valentin, welcher über wahre Riesenkräfte verfügte und auch entsprechend arbeitete. Auch die Franzosen arbeiteten meistens gut, besonders der letzte, den wir hatten, Riot Maxime aus Navilly. Riot hatte echt germanischen Typ, stattlichen Körperbau, blaue Augen, hellblondes Haar.

Die Folge der Einkreisung durch unsere Feinde machte sich bald in der Knappheit der Lebensmittel bemerkbar und wurden sofort Gegenmaßnahmen getroffen. Alle Lebensmittel wurden beschlagnahmt und rationiert. Brot wurde nur gegen Brotkarten, Fleisch gegen Fleischkarten abgegeben. Dann kamen noch Zuckerkarten, Seifenkarten u.a. dazu. Jeder Familie wurden die ihr zustehenden Lebensmittelkarten je nach Personenzahl von dem Kreisamt durch die Bürgermeisterei zugeteilt.

Wer selbst Frucht zog und Schweine mästete, galt als Selbstversorger und erhielt Mahlscheine für Frucht und Schlachterlaubnisscheine. Durch diese Scheine- und Kartenwirtschaft erwuchs den betreffenden Stellen, denen die Ausgabe der Karten oblag, eine ungeheure Arbeit. Später kamen noch Schlagscheine für Ölfrucht, Schuhbedarfsscheine und vieles Andere dazu. Die Zahl der Hühner musste genau angegeben werden, sie wurden von Zeit zu Zeit durch den Gendarmen gezählt. Es musste dann eine dem Bestand entsprechende Anzahl Eier abgeliefert werden. Auch die Kühe wurden manchmal unter polizeilicher Aufsicht gemolken, nachdem der Stall am Abend vorher versiegelt worden war. Beim Dreschen war ein besonderer Wiegemeister angestellt und war der Vorrat an Körnerfrüchten, nach Abzug des Eigenbedarfs, sofort der Beschlagnahme verfallen.

Ihren eigentlichen Zweck erfüllten jedoch diese Maßnahmen nur sehr mangelhaft. Es entwickelte sich bald im Geheimen ein schwunghafter Handel mit Lebensmitteln. Dieser Handel wurde Schleichhandel, die Händler Schieber oder Schleichhändler genannt. Stadtbewohner kamen mit den Zügen massenhaft aufs Land um Lebensmittel zu holen (hamstern), da sie mit ihnen Zugeteiltem nicht auskamen. Diese nannte man „Hamsterer". Wer ein Stück Vieh heimlich ohne Erlaubnis schlachtete, zählte zu den Schwarzschlächtern. Dieser Zustand dauerte noch lange nach dem Kriege an. Die Polizei war scharf hinter diesen Händeln her. Wer Lebensmittel unerlaubt abgab oder erwarb, fiel in schwere Strafe und wurden die betreffenden Sachen ohne Entschädigung beschlagnahmt.

Bei dieser sog. Zwangswirtschaft kam es oft zu heiteren Zwischenfällen. Ein Hühnerhalter hatte weniger Hühner angegeben als er besaß, um nicht so viele Eier abliefern zu müssen. Nun hatte er rechtzeitig erfahren, dass die Hühner gezählt werden sollten und brachte einen Teil derselben auf den Taubenschlag. Als der Gendarm festgestellt hatte, dass die Anzahl der Hühner mit der angegebenen Zahl übereinstimmte und den Hof verlassen wollte, kamen ihm die versteckten Hühner vom Dach entgegen geflattert, weil das Brettchen vor der Öffnung umgefallen war.

In einem Nachbarort von Altenstadt hatte sich ein Schleichhändler einen Leichenwagen gekauft, in welchem er seine Waren regelmäßig in einem Sarge nach Hause fuhr. Es wurde erzählt, dass ein Landwirt, welcher Schlachterlaubnis für ein Schwein hatte, deren zwei geschlachtet hatte. Als der Wachtmeister auf das Haus zukam, wurden schnell zwei Hälften in den Keller geschafft, in der Eile waren aber unglücklicherweise die beiden Hälften hängen geblieben, an welchen sich die beiden Schwänze noch befanden. Ein anderer hatte ein Schwein heimlich ohne Erlaubnis geschlachtet, welches durch lautes Schreien die Nachbarschaft auf diesen Vorgang aufmerksam machte. In ihrer Verzweiflung ergriff die Ehefrau den Schubkarren und fuhr damit im Hofe auf und ab. Sie glaubte mit dem Geräusch des Fahrens das Geschrei des Schweines übertönen zu können.

Die Gendarmen drückten auch oft ein Auge zu, besonders, wenn sie ab und zu ein Säckchen Mehl oder eine Wurst bekamen. Immer unhaltbarer und unwürdiger gestaltete sich dieser Zustand und jeder atmete auf, als diese Bestimmungen endlich aufgehoben wurden.

Nach dem Kriege

waren überall in Deutschland verworrene Verhältnisse. Der Kaiser war nach Holland geflohen, der Sozialdemokrat Ebert wurde Reichspräsident. Deutschland war eine Republik. Die roten Machthaber, die die Regierungsgewalt an sich gerissen hatten, verstanden aber nicht zu regieren. Eine der schwersten Folgen ihrer Misswirtschaft war die Inflation oder Geldentwertung. Durch das viele Drucken von Banknoten sank der Wert unserer Währung immer mehr. Der Wertmesser war der amerikanische Dollar. Durch die Inflation war das gute Geld, das die fleißigen deutschen Sparer auf der Kasse hatten, wertlos geworden und dadurch der seitherige Wohlstand vernichtet.

Für die Landwirtschaft war aber die Zeit nach der Inflation noch viel trostloser. Mit der Stabilisierung der Währung setzte auch der Steuerdruck mit unerhörter Schärfe ein, es war aber kein Geld zum Steuerzahlen da. Viele konnten ihren Verpflichtungen gar nicht nachkommen und war dann noch Missgeschick in einem Betrieb oder Krankheitsfälle in der Familie und Geld geliehen werden musste, wurde der Betreffende die Schulden nicht wieder los. Die Zinsen waren unerhört hoch, anfangs 25, später 20 und 16%! Dies war der Anfang zu einer schweren Verschuldung der Landwirtschaft.

Die Glocken

Vor dem Weltkriege hatten wir zwei Glocken in der Kirche. Als im Jahre 1916 das Material zur Munition knapp wurde, hatte die Regierung angeordnet, dass ein Teil der Glocken, besonders solche, welche nicht unter Denkmalschutz standen, zur Herstellung von Munition zu verwenden seien. So kam die größere unserer Glocken zur Ablieferung. Wir hatten nun nur noch die kleine Glocke und war Wunsch der meisten Bürger Gettenaus, als der Krieg zu Ende war, wieder eine Glocke anzuschaffen. Es tauchte aber allgemein der Wunsch auf, ein besseres Geläute zu schaffen, als das alte war. Die vorhandene kleine Glocke („f") sollte zuerst umgetauscht werden. Da aber der Glockenstuhl nicht hergerichtet werden konnte, weil es im Turm an Platz fehlte, wurde beschlossen, die kleine Glocke beizubehalten und zwei größere neue anzuschaffen. Die größte erhielt ihren Platz unter den anderen, auf einem besonderen Glockenstuhl.

Am 24. September 1922 waren die Glocken am Bahnhof eingetroffen und wurden unter Teilnahme der ganzen Bevölkerung abgeholt. Es wurde ein Zug gebildet von Vorreitern, Schuljugend und sämtlichen Vereinen, dann folgte der vierspännig gefahrene Wagen mit den blumengeschmückten Glocken. Pfarrer und Kirchenvorstand, Bürgermeister und Gemeinderat schlossen sich an. Der Zug ging durch sämtliche Ortsstraßen bis zur Kirche, wo die Gemeinde sich zum Gottesdienst vereinigte.

Die Glockenweihe fand am 15. Oktober 1922 nachmittags 1 Uhr in einem Festgottesdienst statt. Von einem Mädchenchor wurden Gesänge vorgetragen, von den Schulkindern passende Gedichte. Die Weiherede erfolgte auf Grund des 100. Psalms. Der Weiheakt selbst mit dem zunächst einzeln einsetzenden Läuten der neuen Glocken, dem dann ein kurzes Zusammenläuten folgte, war sehr ergreifend.

Die Glocken wurden in der Glockengießerei Rinker in Sinn (Dillkreis) gegossen und sind zur vollsten Zufriedenheit ausgefallen. Herr Musikdirektor Müller in Friedberg hat sie geprüft und folgendes Gutachten abgegeben:

„Am 16.September 1922 habe ich die neuen Glocken für Gettenau in der Glockengießerei zu Sinn mit folgendem Ergebnis geprüft: Die Glocken haben einen glatten, schönen Guss, tragen klare und richtige Anschriften und deutliche Verzierungen und stimmen auf die Töne „a" und „c". Die Schwingungsverhältnisse der beiden Glocken sind unter Anpassung an die alte Glocke, deren Ton mit 692 Schwingungen zwischen „c" und „f" liegt, tiefer als die Normalstimmung.

Die Schwingungszahlen für die Haupt- und Nebentöne sind:

	a	*c*
Hauptton	*434*	*492*
Terz	*517*	*596*
Quinte	*633*	*720*
Obere Oktave	*216*	*245*
Untere Oktave	*868*	*980*

Der Ton der Glocken ist kräftig, wohllautend und der Zusammenklang ergibt ein ansprechendes Geläute."

Die große Glocke wiegt 425 kg und hat die Inschrift:

„Nach Krieg und Leid und harter Zeit,
ruf ich erneut zur Seligkeit."

Die kleine Glocke wiegt 233 kg und trägt die Inschrift:

„Für's Vaterland wurden wir hingegeben,
entstanden aus Trümmern zu neuem Leben."

Der Preis für beide Glocken beträgt 117.953,50 Mark (Geldentwertung).

Wiegeschein:

„Die von der Glockengießerei F.W. Rinker GmbH. in Sinn für die Gemeinde Gettenau gegossenen Glocken wurden heute in meiner Gegenwart gewogen und ergaben folgendes Gewicht:

No. 2874 Gettenau I 425 kg

No. 2875 Gettenau II 233,5 kg

Sinn, den 1. September 1922.

Der Bürgermeister: Rupp "

Das Kriegerdenkmal

Nachdem der große Krieg schon mehrere Jahre beendet und in vielen Nachbarorten schon Denkmäler errichtet waren, wurde auch hier der Wunsch laut, ein solches zu errichten. So kam es, dass ein einfaches, würdiges Denkmal bei der Kirche entstand. Die Friedhofsmauer wurde abgebrochen, etwas zurück gesetzt und das Denkmal hinein gebaut. Über den Namen der Gefallenen erhebt sich der Spruch:

> *„Dem Blut, das geflossen,*
> *den Tränen die vergossen,*
> *ein heiliges Gedenken. "*

Auf dem mittleren Block steht:

> *„Vaterland wir sterben, Du sollst leben!"*

Es wurde eine versiegelte Flasche eingemauert, in welche eine Urkunde eingeschlossen ist folgender Inschrift:

„Dieses Denkmal wurde errichtet zu Ehren der aus Gettenau stammenden Opfer des Weltkrieges 1914 – 1918 im Sommer 1923, da Fritz Ebert Reichspräsident und Karl Ulrich hessischer Ministerpräsident war und das Amt des deutschen Reichskanzler von Dr. Kuno auf Stresemann überging.

Auf Anregung des Altbürgermeisters Stoll hat der unterzeichnete Ausschuss den von dem hessischen Denkmalspfleger Geheimrat Walbe zu Darmstadt gelieferten Entwurf zur Ausführung bestimmt und die Ausarbeitung des Planes dem Bautechniker Wilhelm Glaub IV. von Gettenau übertragen. Die Worte auf dem Spruchband und dem Mittelstück des Denkmals stammen von Pfarrer Landmann. Die Steinmetzarbeiten besorgte Karl Dullstein von Reichelsheim i.d.W., die Maurerarbeiten Heinrich Glaub II. von Gettenau. Die Kosten der Errichtung des Denkmals wurden zum Teil durch freiwillige Gaben aus der Gemeinde bestritten, den Rest stiftete der Ortsvorstand aus der Gemeindekasse.

In Tagen tiefster vaterländischer Not, da die Franzosen bereits seit einem halben Jahr unter Bruch des Versailler Vertrages das Ruhrgebiet besetzt halten, da schwere innere Erschütterungen den Bestand des Reiches gefährden, da die Auswirkung dieser Verhältnisse die Preise für alle Dinge des täglichen Bedarfs um das eineinhalbmillionenfache gegenüber der Vorkriegszeit gestiegen sind und täglich weiter steigen, wünschen wir das Gedächtnis unserer Gefallenen zu ehren und den kommenden Geschlechtern zu überliefern. Möge unser deutsches Volk und mit ihm die Gemeinde Gettenau einer besseren Zukunft entgegen gehen.

Vaterland wir sterben, Du sollst leben !

Der Denkmalausschuss

(Unterschriften)

Die Wiederherstellung der Kirche
zu Gettenau im Jahre 1929

Für unsere Kirche, die im Jahre 1888 renoviert worden war, war eine Wiederherstellung notwendig geworden. Der dicke Verputz der Außenwände war an vielen Stellen herunter gefallen, auch innen waren die Wände mit der Zeit schmutzig und unansehnlich geworden. Mit den Wiederherstellungsarbeiten wurde im August 1929 begonnen. Die wuchtigen Sandsteinquader an den Ecken, die vorher übertüncht waren, wurden freigelegt, die Fenster erhielten zum größten Teil ihre ursprüngliche Form wieder durch das kunstvoll in Sandstein gehauene Maßwerk. Innen wurden die Fensternischen durch Malerei etwas belebt. Die Emporen, von denen sich auf jeder Seite zwei befanden, wurden auf je eine reduziert, um im Kirchenschiff mehr Licht zu schaffen.

Unten im Schiff befand sich auf jeder Seite ein schmaler Gang, nun ist in der Mitte ein breiter bequemer Gang. Besonders schadhaft war das Dach, wo viele Bretter und Balken verfault waren und auch eine große Menge Schiefer ersetzt werden musste. Die Kirche ist nun nach Fertigstellung wirklich schön geworden. Herr Pfarrer Landmann hat sich um die Aufbringung von Stiftungen und Gaben sehr viel Mühe gegeben. Die Gesamtkosten betrugen 12.273,36 Mark.

Davon hat die Gemeinde übernommen   8.000,– Mark

Durch Gaben und Stiftungen   3.000,– Mark

Aus der Kirchenkasse   1.273,36 Mark

Summe wie oben   12.273,36 Mark

Meine Schwester Marie

(Geschrieben im Februar 1944)

welche mit dem Gemeindeeinnehmer Georg Kriegck V. verheiratet war, ist am 12. Nov. 1942 an einem Herzleiden gestorben. Ihr Ehemann war schon 1922 verstorben.

Ihre älteste Tochter Marie heiratete den Kaufmann Karl Lindner, gebürtig aus Siebleben bei Gotha. Er war bis zum Kriegsausbruch 1914 Direktor des Dauner Sprudels und hat seinen Wohnsitz in Daun in der Eifel gehabt. Von den drei Söhnen ist der Älteste, Herbert, im Alter von 18 Jahren gestorben, der zweite Sohn Wilhelm hat Jura studiert, Helmut, der Jüngste, will Ingenieur werden.

Karl Lindner hat von 1914 – 1918 dauernd unter den Waffen gestanden. Nach Beendigung des Krieges hat er seine Stelle und seinen Wohnsitz in Daun aufgegeben und sich selbstständig gemacht. Er wohnt mit seiner Familie in Bad Nauheim, anfangs Alicestraße 10. Er hat es durch sein großes kaufmännisches Wissen und seine Tüchtigkeit zu großem Wohlstand gebracht. Später hat er ein großes, schönes Haus gekauft, Villa Emden, Zeppelinstraße No. 3. Das Wassergeschäft in Vilbel hat er aufgegeben und in Soden-Salmünster ein eigenes Werk errichtet, wo in der Hauptsache Kunsteis hergestellt wird.

Der Sohn Wilhelm ist verlobt mit Friderike Hanstein, Zahnärztin in Bad Nauheim. Er steht an der Ostfront als Oberleutnant und ist Ritter des Eisernen Kreuzes I. Klasse. Helmut ist bei den Fliegern und gegenwärtig beurlaubt zur Vollendung seines Studiums.

Klara, die jüngste Tochter meiner Schwester Marie ist verheiratet mit dem Landwirt Hermann Ostheim II. von hier, der aus dem Hause Kirchgasse No. 24 stammt. Hermann ist ein großer Liebhaber von Schafen. Er hat stets eine Herde von 250 bis 300 Stück, mit denen er im Sommer in den Vogelsberg, meist nach Götzen bei Schotten zieht, mitunter auch bis in den Dillkreis. Der Ehe sind zwei Kinder entsprossen, Georg Wilhelm und Anneliese. Georg Wilhelm war mehrere Jahre an der Ostfront und ist jetzt in Frankreich.

Meine jüngere Schwester Minna ist 1936 gestorben. Die Familie Simon ist von schweren Schicksalsschlägen betroffen worden.

Mein Schwager Georg Simon[41], der als Lehrer in Echzell sehr beliebt und geachtet war, hatte auch bald in Eberstadt sich viele Freunde erworben. Er hat sich dort ein schönes Haus gekauft, Neue Darmstädter Straße 76, mit ca. 2 Morgen Gartengelände. Er war ein großer Garten- und Obstfreund und war Vorsitzender des Obst- und Gartenbauvereins. Leider wurde seiner regen Tätigkeit ein Ziel gesetzt, durch eine schwere Verkalkung, die ihn verhältnismäßig früh, schon im Alter von 50 Jahren betroffen hatte, die auch bald 1914 in seinem 54ten Jahre zum Tode führte. In der Heil- und Pflegeanstalt zu Goddelau ist er gestorben.

Minna, die älteste Tochter hat einen Gerichtsoberinspektor namens Fritz Gerhard von Auerbach geheiratet, der am Darmstädter Amtsgericht war. Die Ehe war glücklich, blieb aber kinderlos. Als ihr Mann im Herbst 1941 starb, war Minna ganz fassungslos und musste in die Heil- und Pflegeanstalt Goddelau verbracht werden.

Die zweite Tochter Else war verheiratet mit Georg Saal aus Lengfeld, der eine sehr gute Stelle bei der landwirtschaftlichen Zentralgenossenschaft hatte. Später war er in Wien in Stellung und wurde von der alten österreichischen Regierung ausgewiesen, weil er sich im nationalsozialistischen Sinne betätigt hatte. Er erhielt dann eine Stelle in Belgrad, während seine Familie eine Zeit lang in Berlin lebte. Else wollte mit ihrer ältesten Tochter Ruth-Ingeborg, 20 Jahre alt, welche mit einem Arzt verlobt war, zu ihrem Mann nach Belgrad fahren.

In der Nähe von Linz in Österreich fanden beide bei einem Eisenbahnunglück den Tod. Sie wurden auf dem Friedhof in St. Valentin beigesetzt. Minna ließ die Leichen nach Eberstadt bringen, sie haben auf dem Eberstädter Friedhof eine würdige Ruhestätte gefunden. Saals haben noch zwei Kinder: Georg, der wie sein Vater fast zwei Meter groß ist, und Marie, die Jüngste. Georg Saal, der ältere, hat in Belgrad wieder geheiratet.

---

[41] Siehe oben S. 36, Anm. 24

Hugo Simon, der jüngste der Simon'schen Kinder, war 2 Jahre bei mir in der Landwirtschaft tätig. Er war dann auf mehreren Gütern Verwalter: bei Herrn von Helmolt in Friedberg-Fauerbach, auf Hofgut Petershausen bei Offenbach, Hof Schwalbach und Hof Steinheim bei Biebrich am Rhein. Von dort wurde er eingezogen zum Kriegsdienst und ist an der serbisch-italienischen Grenze bei Krainsburg bei einem Banditenüberfall im Alter von 40 Jahren gefallen.

Hedwig, die dritte Simon'sche Tochter, hat einen alteingesessenen Eberstädter geheiratet, namens Georg Hill. Er ist Landwirt und Schlosser. Die Äcker hat er verpachtet und geht in eine Fabrik nach Darm-stadt. Sie haben drei Kinder. Die beiden ältesten, Hedwig und Georg, sind in Darmstadt in kaufmännischen Betrieben tätig. Der jüngste, Walter-Heinz, ist jetzt 13 Jahre alt.

Die Familie wohnt in der elterlichen Hofreite in Eberstadt, Kirchstraße 18. Georg Hill hat noch einen ledigen Bruder, Heinrich, der bei ihm lebt, und eine Schwester, die einen Eberstädter Bäckermeister namens Achenbach geheiratet hat.

Die Familie Hill wurde im August 1944 bei einem Luftangriff schwer mitgenommen. Sie waren alle bei Beginn des Angriffs in den Keller geflüchtet. Eine Luftbombe fiel auf die Modau-Brücke und brachte die in der Nähe stehenden Gebäude zum Einsturz, darunter auch die Hill'sche Hofreite. Zu gleicher Zeit geriet alles in Brand, sie mussten schnellstens den Keller verlassen, Heinrich Hill fand dabei den Tod. Georg Hill wurde durch einen herunter stürzenden Balken am Kopf verletzt. Alles ist ihnen verbrannt, bis auf die wenigen Sachen, die sie in den Keller mitgenommen hatten. Hedwig war schwer erschüttert, dass sie für lange Zeit krank wurde und schließlich nach der Heil- und Pflegeanstalt Goddelau verbracht werden musste. Hills haben dann eine Zeit lang bei Achenbachs gewohnt, und wohnen jetzt bei Hedwigs ältester Schwester Minna.

Georg Saal jr. ist als Leutnant in russischer Gefangenschaft verschollen. Seine Schwester Marie lebt bei ihrer Tante Minna Gerhard in Eberstadt.

Die Landarbeiter und die Landflucht

(Geschrieben am 22. Februar 1944)

Eine der ernstesten und sorgenvollsten Fragen, die heute den Bauer beschäftigen, ist die Beschaffung der landwirtschaftlichen Arbeiter. Nachdem sich Deutschland immer mehr zum Industriestaat entwickelt hat, sind (wenigstens in unserer Gegend) keine einheimischen Arbeitskräfte mehr zu bekommen.

Noch gegen Ende des 19. Jahrhunderts war in den bäuerlichen Betrieben an Arbeitskräften kein Mangel. Der Tag des Diensteintritts und -austritts war bei uns der Petritag (22. Februar). An diesem Tag wechselten die Knechte und Mägde, wie man sie damals nannte, ihre Plätze. Wechseln während des Dienstjahres kam selten vor, jeder rechnete es sich zur Ehre, das begonnene Jahr auch zu Ende zu führen. Viele dieser Knechte blieben jahrelang, oft mehrere Jahrzehnte bei ihrer Herrschaft, sie waren meist ausgezeichnete Pferdepfleger und mit ihren Gespannen geradezu verwachsen. Wenn ein solcher Pferdeknecht oder Schweizer seinen Dienst aufgab, dann brauchte der Bauer in der Regel nicht lange zu suchen. Gewöhnlich kamen andere dann schon im Spätherbst oder Januar und boten sich zum Dienst für Petritag an. Auch gab es in jedem Dorf Leute, die die Dienststellen unaufgefordert oder auf Antrag vermittelten und dafür ein Trinkgeld erhielten.

Wenn jemand einen Kleinknecht brauchte, der noch nicht mit Pferden umgehen und auch sonst keine schweren Arbeiten verrichten konnte, so gab es in den umliegenden Orten Geiß-Nidda, Leidhecken, Staden, Dauernheim oder Bingenheim Leute genug, die ihre Buben zu einem Bauern brachten, wo er sich gehörig „herausfüttern" konnte. Diese Jungen wurden dann zu leichten Feldarbeiten und zur Hilfeleistung beim Viehfüttern verwendet. Man nannte sie oft scherzweise „Rangenschäber", weil es im Winter ihre Hauptbeschäftigung war, die Dickwurz oder Rangen vom Schmutz zu reinigen. Diese durften, wenn die Pferde treu und gelassen waren, auch manchmal mit den Gespannen arbeiten und wuchsen so allmählich zu Pferdepflegern und Gespann-führern heran.

Ähnlich verhielt es sich mit den Mägden oder Dienstmädchen. Viele von ihnen blieben von ihrer Schulentlassung bis zu ihrer Verheiratung bei ihrer Herrschaft, wo sie dann noch ein schönes Geschenk erhielten.

Der Lohn war nicht einheitlich, sondern richtete sich nach der Leistungsfähigkeit des Betreffenden. Ein Kleinknecht erhielt 80 – 120 Mark Jahreslohn und in der Regel noch ein Paar Schuhe und ein Hemd. Ein Gespannführer oder Schweizer 300 – 400 Mark. Eine Dienstmagd 150 – 200 Mark, dazu noch Schuhe, Strümpfe, Garn, Wolle, Hemden usw. nach Übereinkunft. Letzteres nannte man das Zubehör. Außerdem gab es im Nachsommer noch ein sogenanntes „Erntestück" und auf Weihnachten ein „Christgeschenk". Dies waren in der Regel auch Kleidungsstücke.

Der Arbeitgeber wurde vom Gesinde mit „Herr" angeredet, die Hausfrau mit „Junge Fraa".

Wenn im Mai die Hackarbeiten begannen und die Arbeitskräfte nicht ausreichten, dann gab es im Dorf Leute genug, meistens Frauen, die nur darauf warteten, zur Arbeit bestellt zu werden, um sich ein paar Mark zu verdienen. Diese wurden nur einen oder mehrere Tage beschäftigt, heute hier, morgen bei einem anderen. Daher die Bezeichnung „Taglöhner". Manche waren auch an einen bestimmten Hof gebunden, weil der Bauer ihnen einen Acker bearbeitete, den Mist hinaus und die Ernte heimfuhr.

Auch bei den Erntearbeiten wurden viele Taglöhner beschäftigt, da es noch keine Maschinen gab und zum Mähen und Binden des Getreides viele Hände gebraucht wurden. Manche ließen sich aus dem Vogelsberg Schnitterinnen kommen, welche fast die ganze Frucht allein abmachten mit Reff und Sichel. Nach Melbach kamen alljährlich Odenwälder Arbeiter zur Ernte. Größere Betriebe ließen sich mehrere Sommermädchen kommen aus dem hessischen Hinterland, Dillkreis, Fuldaer Gegend oder aus Bayern. Diese blieben von März bis November.

In den 80er Jahren des vorigen Jahrhunderts suchten sich schon viele Männer in Frankfurt Arbeit. Um diese Zeit sah man auch hier und da schon eine Getreidemähmaschine.

Die Taglöhner erhielten an Lohn:

Für das Mähen auf der Wiese, das gewöhnlich
von morgens 3 bis 9 Uhr und mittags
von 2 bis 8 Uhr dauerte: 1,- Mk. und Kost

Für Arbeiten, die den ganzen Tag dauerten   1,50 Mk.

Bei der Dreschmaschine pro Tag:	1,80 – 2,- Mk.
Frauen erhielten pro Tag:	0,80 – 1,- Mk.
Eine Schnitterin erhielt für die Erntezeit:	20,- Mk.
Ein Sommermädchen für die Sommermonate:	60,- Mk.

Später haben sich diese Lohnsätze bedeutend erhöht.

Als zu Anfang des 20ten Jahrhunderts durch den immer bedenklicher werdenden Zug nach der Stadt die Arbeitskräfte in der Landwirtschaft nicht mehr ausreichten, wandten sich viele an eine Arbeitsvermittlungsstelle in Berlin, wodurch junge Leute aus Gegenden mit wenig Industrie, hauptsächlich aus Ostpreußen hierher kamen. Aber auch diese wandten sich, sobald sie sich verheirateten, der Industrie zu. Man musste sich auch vielfach mit Wanderbrüdern behelfen, die meistens nur einige Wochen blieben, höchstens 3 oder 4 Monate.

Auf den Braunkohlegruben Weckesheim und Wölfersheim wurden früher nur Braunkohlen gefördert, die zu Pressklötzen verarbeitet und zu Hausbrand verwendet wurden. Im Jahre 1913 wurde in Wölfersheim ein Elektrizitätswerk und später ein Schwelkraftwerk errichtet, wodurch der Betrieb bedeutend erweitert wurde. Nun ging alles auf die Grube, selbst die aus der Schule Entlassenen fanden dort Beschäftigung. In größeren Landwirtschaftsbetrieben wurden nun vielfach Ausländer beschäftigt, Italiener und Polen. Wir selbst hatten einen jungen Mann von hier, Willi Schmieder, der 5 Jahre bis 1940 bei uns arbeitete und sich dann Arbeit in Frankfurt bei einem Gärtner suchte.

Die Regierung hat diese Landflucht als große Gefahr erkannt und mit allen Mitteln zu bekämpfen versucht. Die aus der Schule entlassenen Mädchen, die in die Stadt wollten, mussten erst ein Jahr als sogenanntes Pflicht- oder Landjahr bei einem Bauer arbeiten. Durch eine umfangreiche Propaganda wurden viele Hitlerjungen aus der Stadt bewogen, aufs Land zu gehen als Landarbeitslehrlinge, um später vielleicht eine Siedlung im Osten zu übernehmen. Aber ein großer Prozentsatz wandte sich, nachdem sie das arbeitsreiche Leben der Bauern kennen gelernt hatten, wieder anderen Berufen zu, oder legten sich auf Berufe, die der Landwirtschaft zugezählt wurden, wie Milchkontrolleur, Pelztierzüchter, Gestütsdiener, Hühnerzüchter und Ähnliches.

Nun standen durch die siegreichen Feldzüge in Polen und Frankreich genug Gefangene zur Verfügung. Weibliche Arbeitskräfte kamen aus Polen, dem besetzten Russland und Kroatien. Gegenwärtig ist durch den Einsatz dieser Ausländer und der gefangenen Franzosen und Russen der Arbeitermangel nicht so fühlbar, aber die ausschließliche Verwendung von Ausländern ist doch ein anormaler und höchst ungesunder Zustand, der sich auf Dauer nicht aufrechterhalten lässt. Man fragt sich oft voller Sorge: „Wie wird es nach dem Kriege werden?" Hoffen wir, dass es gelingt, die Landarbeiterfrage wieder in geregelte Bahnen zu leiten.

Diese Erscheinung hat ihre Ursache teilweise in der besseren Entlohnung der anderen Berufe, teils aber auch in der Sucht nach Bequemlichkeit und Wohlleben. Niemand will mehr schwere und schmutzige Arbeit leisten. Es ist auch viel angenehmer, wenn man mit sauberem Anzug und gepflegten Händen umhergehen kann, als Arbeiten in den Viehställen und auf dem Felde zu verrichten. Die Grubenarbeiter sind den Landarbeitern gegenüber insofern im Vorteil, weil ihre Arbeitszeit auf 8 Stunden begrenzt ist und dadurch mehr freie Zeit haben – neben besserem Lohn, was in der Landwirtschaft nicht möglich ist.

Aber nicht allein die Landarbeiter, auch die Bauernsöhne und -töchter streben nach anderen Berufen, viele studieren oder heiraten Beamte, sogar Hoferben und Erbinnen lassen manchmal ihren Hof im Stich, um sich angenehmeren Berufen zuzuwenden. Aber es wird und muss ein Weg gefunden werden, den deutschen Menschen zur Scholle zurückzuführen, wenn Deutschland weiterleben soll. Der Führer selbst hat den Ausspruch getan: „Deutschland wird ein Bauernreich sein, oder es wird untergehen."

Das Geburtshaus meines Vaters

(Geschrieben am 1. Juni 1947)

in Echzell, Bahnhofstraße 15, welches mein Großvater, Bürgermeister Wilhelm Stoll am Anfang dieses Buches beschrieb, hat, soweit bekannt, folgende Besitzer gehabt:

1. Johannes Stoll, * 12.09.1658 in Gettenau, † 14.02.1720 in Echzell, verh. mit Catharina (war Wwe.) * um 1652, † 22.01.1723 in Echzell
2. Johann Georg Stoll, * 14.06.1689 in Echzell, †19.06.1776 in Echzell, verh. mit Anna Elisabeth Ostheim, * 24.12.1689 in Gettenau, † 07.11.1754 in Echzell
3. Johannes Eiser, * 28.07.1714 in Gettenau, † 21.01.1798 in Echzell, verh. 1739 mit Anna Elisabeth Stoll, * 29.12.1721 in Echzell, † 19.01.1764 in Echzell
4. Johannes Wilhelm Stoll (aus dem Nachbarhause),* 2.6.1748, † 21.4.1815 in Echzell, verh. 1772 mit Anna Katharina Eiser, * 10.02.1752 in Echzell, † 12.12.1784 in Echzell
5. Johann Georg Stoll, * 21.11.1774 in Echzell, † 15.10.1833 in Echzell, verh. 1796 mit Anna Katharina Stoll, * 02.09.1774 in Echzell, † 16.03.1825 in Echzell
6. Wilhelm Stoll V., Bürgermeister in Echzell, * 12.08.1810, †17.03.1889 in Echzell, verh. am 16.12.1832 mit Anna Christine Reitz, * 3.9.1812, † 27.1.1872 in Echzell
7. Heinrich Wilhelm Stoll, * 11.08.1836 in Echzell, † 03.02.1915 in Echzell, verh. mit Katharina Muth, * 16.12.1841 in Echzell, † 20.06.1927 in Echzell
8. Otto Stoll, * 03.12.1868 in Echzell[42], verh. 30.08.1894 mit Caroline Reitz, * 05.09.1872 in Echzell, † 03.09.1937 in Echzell
9. Johannes Treusch aus Bockenrod im Odenwald, Molkereidirektor, * 26.05.1899 in Echzell[43], verh. am 25.02.1922 mit Marie Stoll, * 21.10.1894, † 02.01.1928 in Echzell

---

[42] † 26.6.1951 in Echzell

[43] † 8.6.1975 in Echzell

10. Otto Treusch, * 15.11.1924, † 28.04.1947 in Echzell, Ende April 1947 durch einen Sturz in der Scheuer tödlich verunglückt.

Mein Vetter Otto Stoll, der jetzt im 80. Lebensjahr steht, hat schwere Schicksalsschläge erlebt. Seine beiden Töchter, Marie und Herta sind schon im jugendlichen Alter verstorben, seine Frau Lina, geb. Reitz, eine schöne blühende Frau, war durch eine schreckliche Krankheit (Gesichtslupus) entstellt und dadurch ebenfalls frühzeitig verstorben. Mit dem Tode seines einzigen noch ledigen Enkels Otto Treusch steht er am Grabe seiner ganzen Lebensarbeit. Es sieht sein Geschlecht aussterben, gleichzeitig wird mit seinem Ableben der Stamm Stoll aus dem Hause verschwinden, in welchem er sich lange Jahrhunderte behauptet hat.

Von der Vergangenheit der **Gettenauer Familien** ist uns wenig bekannt. Mein Großvater Heinrich Kriegck V. und seine Vorfahren haben die Hofreite Wiesengasse 2 im Besitz gehabt. Sein Vater Urban Kriegck war früh verstorben an der „Russenkrankheit" (Typhus). Zur Zeit der Befreiungskriege waren hier Russen einquartiert und hatten den Typhus eingeschleppt. In dem Hause war früher Gastwirtschaft und hieß „Gasthaus zum Löwen". In Volksmund wurde das Haus „Benners Haus" genannt nach dem Beruf eines der Vorfahren, auf dessen Wirtsschild gestanden hat: *Johann Heinrich Seipel, Gastwirt und Faßbender*. Aus Faßbender ist die Benennung „Benner"[44] entstanden. Diese Hofreite hat jetzt der Gemeinderechner Schäfer, resp. sein Schwiegersohn Heinrich Scheib im Besitz.

Unsere Hofreite, Kirchstraße 14[45], die mein Vater gekauft und ausgebaut hat, war früher im Besitz einer Familie Bach. Der letzte Besitzer und

---

[44] Benner oder Bennersch ist noch heute der Ortsname der Familie
[45] Heute Hauptstraße 42

Erbauer von Haus und Scheuer war Philipp Bach. Dieser starb früh und hinterließ zwei minderjährige Töchter, die im östlichen Nachbarhaus (jetzt Karl Naumann) erzogen wurden. Die Älteste heiratete einen Landwirt namens Weifert in Melbach, die Jüngste heiratete Johannes Karl Schultheiß in Bisses. Unsere Hofreite mag für damalige Verhältnisse geräumig genug gewesen sein, so dass mein Vater das Haus im Westen, das ihm auch gehörte, verkaufen konnte. Damals waren Wagen, Pflug und Egge die hauptsächlichsten Geräte, die nicht viel Platz brauchten. Heute ist dies anders. Die vielen modernen Maschinen und Geräte, die wir bei der jetzigen Betriebsweise benötigen, beanspruchen viel Raum; es besteht daher das Bedürfnis nach Ausdehnung. Im Jahre 1937 ist ein Teil der alten Schweineställe, die bis zur Scheune reichten, abgebrochen worden und die Miststätte, die einen großen Teil des Hofes eingenommen hatte, hinter die Schweineställe zwischen die Scheuern von Kriegck und Rühl verlegt worden. Der Hof ist nun viel geräumiger, so dass wir rundum fahren können und nicht mehr so viel zu hufen brauchen, was für die Pferde immer eine Qual ist. Auch ist es dadurch möglich, die Wagen und Maschinen, die immer zum Teil im Freien stehen mussten, ins Trockene zu bringen.

Das Geburtshaus meiner Frau, Echzeller Straße 2[46], ist ebenfalls in den 40er Jahren des vorigen Jahrhunderts erbaut worden. Die Hofreite des damaligen Besitzers stand zwischen der Kirche und dem Muth'schen Hause, wo jetzt die Straße nach Echzell geht. Bei dem Straßenbau wurde die Hofreite abgebrochen und an der Nordseite des alten Friedhofes neu aufgebaut.

Im Jahr 1936 ist die Wiese im Ried, die sehr unter Nässe leidet, von den Gemeinden Bingenheim, Gettenau und Heuchelheim durch ein elektrisches Pumpwerk entwässert worden.

Im Jahr 1937 hat Hugos Schwiegervater von dem Lehrer Haupt von Nieder-Rodenbach einen Acker an der Heuchelheimer Straße, etwas

---

[46] Heute Hauptstraße 68

über 2 Hektar groß, für seine Tochter gekauft. Dadurch ist unser Betrieb zum Erbhof geworden.

Im Jahr 1938 haben umfangreiche Bohrungen in der ganzen Gettenauer Gemarkung stattgefunden zur Ermittlung der Braunkohlenlager. Die Kohlenlager sollen stellenweise sehr reichhaltig sein. Das letzte Gewann rechts der Friedberger Straße, der sogenannte Grenzstock, ist schon seit Jahrzehnten ausgebeutet und hinuntergebrochen. Einige bessere Stellen sind wieder pachtweise abgegeben und werden bebaut. Das Übrige ist sumpfig oder hat sich zu größeren Teichen gebildet. So wird es bald unserem übrigen Feld auch ergehen.

Der Kartoffel- oder Coloradokäfer, der sich schon seit längerer Zeit in Frankreich eingebürgert hat, rückt uns immer näher. In Rheinhessen und Starkenburg ist er schon festgestellt worden. Durch allwöchentliches, gemeinschaftliches Absuchen der Kartoffelfelder und sofortige gründliche Bekämpfung der befallenen Stellen mit Gift wird der Ausbreitung dieses verheerenden Schädlings vorgebeugt. In diesem Jahr sind durch lang anhaltende, harte Frühjahrsfröste (−7°) sämtliche Obstblüten erfroren, so dass es kein Obst gab.

Das Jahr 1939 ist durch eine Reihe gewaltiger Vorgänge für unsere Geschichte gekennzeichnet:

Es erfolgte die Eingliederung der alten deutschen Gebiete Böhmen und Mähren in den Rahmen des Deutschen Reiches, nachdem schon im Jahre vorher Deutsch-Österreich und die Sudetendeutschen ins Reich zurückgekehrt waren.

Auch das Memelland kehrt zum Reich zurück.

Der Krieg mit Polen begann am 1. September und endigte nach 18 Tagen mit der vollständigen Niederwerfung des Gegners.

Die Ernte im Jahr 1939 war sehr gut, auch gab es eine Menge Obst. Durch die ganz außergewöhnliche Nässe im Herbst und die vielen Einberufungen zum Kriegsdienst und Pferdeaushebungen konnten die Herbstarbeiten nicht vollständig ausgeführt werden. Die Kartoffeln waren kaum eingebracht, als der Frost mit großer Härte einsetzte. Die Kälte hielt an bis Ende Februar 1940 und hat bis minus 32° erreicht. Bei Reparaturen von den Wasserleitungen wurde festgestellt, dass das Erdreich 90 cm tief gefroren war.

Heinrich Möbs hat in diesem Jahr den ersten Traktor angeschafft.

Der harte Winter 1939/40 hat den größten Teil des Obstbaumbestandes vernichtet.

Der Winter 1941/42 stand an Härte dem obigen nicht nach. Der Schnee lag sehr hoch. Ein scharfer Nordwind hielt den Pulverschnee in ständiger Bewegung. Eine frische Wagenspur war nach wenigen Sekunden wieder verweht, so dass man nicht sah, wo man hingefahren war. Sämtliche Winterfrucht war erfroren und musste im Frühjahr 1942 alles frisch eingesät werden.

Im Jahr 1943 brachte der Krieg an der Ostfront für uns einen schweren Stand. Durch den Zusammenbruch Italiens mussten wir uns auf die Verteidigung beschränken, während die Russen andauernd an der ganzen Front angriffen. Die Engländer und Amerikaner haben im Luftkrieg viele unserer Städte schwer mitgenommen.

Die Agrargesetze

Nach der Machtergreifung durch die Nationalsozialisten traten viele gesetzliche Änderungen ein. Die seitherige berufsständische Vertretung des Bauernstandes, die Landwirtschaftskammer, wurde beseitigt, an ihre Stelle trat der Reichsnährstand. Dieser umfasst die Gebiete Hessen (das seitherige Großherzogtum) und Hessen-Nassau, während die Landwirtschaftskammer nur für das frühere Großherzogtum resp. den Freistaat Hessen galt. In jedem Dorf wurde ein Ortsbauernführer ernannt, der die Belange der Bauern vertritt und die vom Reichsnährstand kommenden Verordnungen bekannt gibt.

Viel angefeindet wurde besonders in unserer Gegend das Erbhofgesetz. Während in vielen Gegenden Deutschlands, auch teilweise in Hessen (z.B. im Odenwald und den Kreisen Alsfeld und Lauterbach), die Bauernhöfe ungeteilt auf einen Erben übergingen, herrschte bei uns die Realteilung, das heißt, das Gut wurde regelrecht unter die Kinder verteilt.

Die Leute konnten sich hier nicht mit der Tatsache abfinden, dass das eine Kind alles bekommen sollte, während die Geschwister mit einer mitunter recht kleinen Entschädigung abgefunden werden sollten. Am meisten fand die im Erbhofgesetz festgelegte Erbfolge Widerspruch. Wenn ein Erbhofbauer Töchter hat und sein Bruder Söhne, dann sollten die Töchter als Erben ausscheiden und ein Sohn des Bruders den Hof bekommen. Wer sich daher der Bildung eines Erbhofes entziehen konnte, tat es. Auch unser Besitz stand als Erbhof auf der Liste. Nun hatte ich aber schon im Jahre 1932 alle Grundstücke je zur Hälfte meinen Kindern zur Bearbeitung übergeben, obwohl noch alles im Grundbuch auf meinem Namen stand. Der Reklamation gegen die Bildung des Erbhofes wurde daraufhin stattgegeben. Im Jahre 1937 wurde nun doch ein Ehegatten-Erbhof gebildet durch Zukauf eines Grundstücks, welches Lehrer Haupt von Nieder-Rodenbach von Frau Ottilie Muth geerbt hatte. Das Erbhofgesetz ist unter der amerikanischen Militär-Regierung wieder aufgehoben worden.

Adolf Hitler

(Geschrieben am 1. Juni 1947)

In den 20er Jahren machte ein Mann von sich reden, von dem man die Rettung aus der großen Not unseres Vaterlandes erhoffte, Adolf Hitler. Mit einem eisernen Willen und einer glänzenden Rednergabe ausgestattet, zog er umher und warb für seine Partei. In Massen strömte ihm das Volk zu. Bei den Wahlen hatte es die NSDAP (Nationalsozialistische Arbeiterpartei), wie sich seine Partei nannte, auf 10 Millionen Stimmen gebracht. 230 Abgeordnete zogen in den Reichstag ein. Hitler wurde Reichskanzler und nach dem Tode Hindenburgs auch Reichspräsident oder „Führer", wie er sich selbst nannte. Er hatte große Erfolge, die teilweise schwer verschuldete Landwirtschaft suchte er durch „Entschuldung" zu entlasten. Die 6 Millionen Arbeitslosen wurden wieder in Arbeit gebracht. Große Autostraßen wurden gebaut, Siedlungsdörfer entstanden, in Hessen Riedrode, Allmendfeld und Rosengarten.

Bald merkte man jedoch, dass nicht alles in seinem Regime stimmte. Anfangs galt der Spruch: „Unsere Politik heißt Deutschland, unsere Religion Christus". In Wirklichkeit suchte er die Religion auszurotten (Deutsche Glaubensbewegung). Seine Regierung artete in Gewaltherrschaft aus. Beamte und Angestellte mussten Parteimitglieder werden, auch wurde ihnen nahegelegt, aus der Kirche auszutreten, was auch viele unter Zwang taten. Besonders hatten die Juden viel zu leiden. Auch seine Agrargesetze fanden nicht den Beifall der Landwirte, besonders das Erbhofgesetz.

Ein besonders düsteres Kapitel war die Ermordung von Millionen von Juden, wodurch er zu einem der größten Massenmörder der Weltgeschichte wurde. Seine anfänglich großen Erfolge kamen bald zum Stillstand, die Verbündeten fielen alle nacheinander ab und der Krieg endete mit einer vollständigen Niederlage für Deutschland mit all ihren furchtbaren Folgen. Hitler und viele seiner Mithelfer endeten durch Selbstmord, andere wurden hingerichtet.

Der Krieg brachte im Herbst 1939 wieder dieselben Erscheinungen wie im vorigen Krieg. Sofort trat wieder die Kartenwirtschaft in Tätigkeit und zwar in verschärftem Maße. Da alles auf den totalen Krieg eingestellt war, fehlte es an allen Sachen des täglichen Gebrauchs, zu kaufen gab es nichts mehr, kein Messer, keine Schere, ja kein Kragenknöpfchen war zu bekommen. Neu waren die Kleiderkarten, die nach Punkten zählten. Für alles gab es Bezugsscheine, sogar für Kunstdünger. Bei der Eierablieferung waren so viel Hühner frei, als der Haushalt Personen zählte, von den übrigen mussten pro Huhn 60 Eier abgeliefert werden. Auch für Pflüge und Maschinen gab es Bezugsscheine, doch musste man in der Regel mehrere Jahre warten, bis man etwas bekam. Am schlimmsten ist es mit den Schuhen, da es an Sohlenleder fehlt. Zu einer Inflation, wie nach dem vorigen Krieg, scheint es diesmal nicht zu kommen, doch hat kein Mensch Vertrauen in die Währung. Es hat sich infolgedessen ein regelrechter Tauschhandel herausgebildet. Infolge der Brennstoffknappheit kommt viel Holz aus dem Vogelsberg in die Wetterau, aber nur gegen Ferkel, Kartoffeln, Dickwurz oder Zuckerrüben. Für 1 mtr. Holz werden 2 Ztr. Kartoffeln oder 3 Ztr. Zuckerrüben verlangt. Für 2 Ferkel 5 mtr. Holz. Das Ferkel kostet 50 Mark, der mtr. Holz 15 Mark, der Unterschied wird dann in bar verrechnet. Der Dreschmaschinenlohn kann nur mit Frucht abgegolten werden. Das Wenige, das man in der

Stadt kaufen kann, bekommt man nur gegen Lebensmittel. Die Kleider-karten wurden, als die Bombengeschädigten aufs Land kamen, ganz ge-sperrt.

Durch den Luftkrieg spürten wir auch bald den Krieg in der Heimat. Im August 1943 kam das erste amerikanische Bombengeschwader direkt über Echzell und schoss drei deutsche Flugzeuge ab, die die Verfolgung aufgenommen hatten. Zwei Flieger retteten sich im Walde mit Fallschir-men, ein Flugzeug explodierte bei der Schwalheimer Mühle. Nun kamen sie immer häufiger und waren bald eine alltägliche Erscheinung. Ein englischer Bomber ist im Dorbächer in der Nähe der Heuchelheimer Grube explodiert, wobei die ganze Besatzung ums Leben kam. Das Flug-zeug hatte sich 4 mtr. tief in die Erde eingewühlt und ungeheure Lehm-massen herausgeschleudert. In Reichelsheim musste ein angeschossener Bomber landen. Er streifte den Molkerei-Schornstein mit einem Flügel, zerstörte die Scheuer des Otto Scheibel und machte ein Haus dem Erd-boden gleich, in welchem sich oben die Gemeinde-Schreibstube und un-ten die Kleinkinderschule befand. Es war ½ 1 Uhr mittags, wo glückli-cherweise niemand in dem Hause war. Das Wölfersheimer Werk wurde oft von Fliegern angegriffen und dort großer Schaden angerichtet. Ein-zelne Tiefflieger, die sehr gefürchtet waren, haben sogar die Leute im Feld beschossen. Erheblicher Fliegerschaden wurde noch angerichtet in Bellersheim, Dorheim und Friedberg-Fauerbach.

Ende März 1945 war es mit dem deutschen Widerstand zu Ende. Ich ackerte mit dem Gespann am Teufelssee und bemerkte über Weckesheim einen feindlichen Flieger, der mit Maschinengewehr schoss. Ich spannte schnell ab, fuhr im Galopp nach Hause und erreichte gerade noch den Hof. Während der Fahrt schlugen überall in der Nähe Granaten ein. Nun kamen die amerikanischen Panzer schon von allen Seiten angerückt, von Bingenheim, von der Friedberger Straße, auch durchs Feld, durch das Wespennest, den Winkelweg herunter kamen sie mit vielen tausenden von schweren Panzern. Wo sie durchs Feld fuhren, haben sie die Äcker auf Jahre hinaus ruiniert. Metertiefe Spuren bezeichneten ihren Weg. Mit Rodhacke und Spaten musste gearbeitet werden, ehe man wieder pflügen konnte.

Beim Einrücken in die Ortschaften wurden Schüsse abgegeben, die in die Wohnungen drangen. Alles war in die Keller geflüchtet. In Bingenheim wurden einige Scheuern in Brand geschossen, in Staden wurde die Hofreite des Adolf Laukert zum großen Teil zerstört. Der erste Befehl lautete auf Abgabe sämtlicher Waffen, die alle zerschlagen wurden. Die gesamte deutsche Armee geriet in Gefangenschaft, einige konnten sich, als Arbeiter verkleidet, in die Heimat durchschlagen. Die noch hier weilenden französischen Gefangenen benahmen sich im Gegensatz zu den Polen und Russen sehr korrekt und anständig. Die Russen wurden im Gemeindehaus in Echzell in der Kälbergasse[47] untergebracht, die Polen auf dem Forsthaus. Sie machten die Gegend durch Plünderungen und Übergriffe unsicher. Einzelstehende Höfe, auch oft in Dörfern, wurden nachts geplündert. Das Laven'sche Gut in Bad-Salzhausen (Dr. Laven wurde dabei durch Lungenschüsse schwer verwundet), die Haubenmühle, Krug und Stoll in Heuchelheim, Hof Schleifeld, auch der Häuserhof hatten oft unter ihrem Besuch zu leiden. Uhren und Fahrräder wurden Passanten unterwegs abgenommen.

Der v. Harnier'sche Gutsverwalter Erb erzählte über den letzten Überfall: Wir saßen abends in der Stube, nachdem alles abgeschlossen worden war. Um 8 Uhr klopfte es am Fenster und eine Stimme rief: „Herr Erb, machen sie einmal auf!" Auf die Frage: „Wer sind Sie denn?" kam die Antwort: „Ich bin von Nidda!" Frau Erb, nichts Gutes ahnend, eilte zum Telefon und rief das Niddaer Überfallkommando (Polizei) zur Hilfe an. Inzwischen hatte Herr Erb, um Gewaltanwendung zu vermeiden, die Türe geöffnet und wurde sofort durch einen Schlag mit der Waffe ins Gesicht erheblich verletzt. Eine Frau, die auf dem Hof beschäftigt war, musste die Vorräte zeigen, nachdem sämtliche Bewohner des Hofes in einem Raum zusammengetrieben und von einem der Bande mit geladener Pistole bewacht wurden. Die Polen luden Kleidungsstücke, Wäsche, Esswaren, kurz alles, was sie erwischen konnten, in ihr Lastauto. Nun zeigten Autosignale und Gewehrschüsse die Ankunft der Polizei an. Im Nu waren die Räuber unter Zurücklassung ihrer Beute und ihres Autos verschwunden.

---

[47] Heute Schulstraße

In einer Mühle in Ober-Erlenbach bei Frankfurt wurde eine achtköpfige Familie von Polen erschossen. In Wölfersheim tötete ein Russe seinen seitherigen Arbeitgeber durch einen Schlag mit der Milchkanne auf den Kopf. Jahrelang dauerte diese Unsicherheit, bis sie endlich abzogen.

Für die Obdachlosen, die aus den Städten kamen, wurden schon während des Krieges in vielen Orten sog. Behelfsheime errichtet, so in Echzell am Preulen. Es waren dies Hütten aus Holz, mitunter auch Steinbauten mit 2 Zimmern und einem Holzschuppen und etwas Gartenland. Die Siedlung auf dem Preulenkopf wurde erst später 1949/50 errichtet. In den Dörfern wurden viele Zimmer beschlagnahmt für die „Evakuierten". Als aber nach Einstellung der Feindseligkeiten im Jahre 1945 die Deutschen aus den Ostländern Polen, Tschechei und Jugoslawien ausgewiesen wurden, da blieb kein Zimmer mehr frei. Hierher kamen Sudetendeutsche aus der Gegend von Karlsbad und Teplitz-Schönau. Das Deutschtum scheint sich dort nicht rein erhalten zu haben, wie die Namen Bruscha, Latka, Malik, Machet, Wanitschka usw. beweisen. Auch Familiennamen mit deutschem Klang, wie Schmidt, Keil, Bickel, zeigen tschechischen Typ. Es wäre für die Einheimischen wie für die Flüchtlinge zu wünschen, wenn diese Zwangseinquartierung nicht allzu lange dauerte.

Die Zwangswirtschaft wurde anfangs 1950 aufgehoben, hat also über 10 Jahre gedauert. Das Barvermögen wurde auf 10% reduziert, als die Währungsreform am 21. Juni 1948 in Kraft trat.

Unser Sohn Hugo

ist am 10. Juni 1945 in russischer Gefangenschaft in dem Lagerlazarett zu Kothla-Järwa bei Wesenburg in Estland nahe dem Finnischen Meerbusen gestorben.

Meine Frau Ottilie, geb. Steffan starb am 5. April 1949 an einem Nierenleiden.

Hugo war am 6. Februar 1943 eingerückt nach Fulda. Er hatte in den kalten Wintern in den ersten Kriegsjahren im Walde Holz gefällt und sich dabei Gelenkrheumatismus zugezogen, besonders im rechten Knie hatte er lange damit zu tun, auch noch als Soldat. Er wurde in Fulda in der Hindenburg-Kaserne als Reiter ausgebildet und kam dann nach Kassel in ein Pferdelazarett. Hier hatte er mehrere schwere Fliegerangriffe erlebt, bei einem Kasernenbrand sind ihm seine sämtlichen Sachen verbrannt. Im Herbst 1944 wurde er nach Friedberg versetzt, blieb hier nur einige Tage und kam dann nach Angerburg in Ostpreußen. Hier ging es ihm, seinen Berichten nach, immer gut, bis zum Einrücken der Russen. In seinem letzten Brief vom 10. Februar 1945 schrieb er: „Wir haben Tage und Nächte gefahren und liegen nun oben am Wasser." Von da an haben wir nichts mehr von ihm gehört. Ich nahm an, dass sie durch das Haff bei Pillau per Schiff nach Schleswig-Holstein wollten, sind aber jedenfalls von den Russen eingeschlossen und gefangen genommen worden.

Hugo Stoll 1943

Am 27. Januar 1946 erhielten wir die Nachricht, dass ein Kamerad, Ludwig Schmidt aus Ulfa, Zimmerstraße 5, Maurer von Beruf, über Hugos Schicksal Auskunft geben könne. Ich ging am 29. Januar 1946 nach Ulfa und erfuhr dort von dem oben Genannten folgendes: Im Gefangenenlager Kothla-Järwa No. 289 in Estland hatten sich die beiden beim Essenholen getroffen und als Landsleute erkannt. Sie haben sich im Ganzen nur einige Minuten sprechen können, aber gehofft, sich am anderen Morgen wiederzusehen. Schmidt wartete jedoch am folgenden Tag vergeblich auf Hugo und erfuhr, dass er wegen einem Magen- und Darmleiden (jedenfalls Typhus) ins Lagerlazarett gekommen sei. Die Berichte über sein Befinden lauteten immer günstig, man hoffte auf seine Genesung. Nach einiger Zeit teilte ein Lazarettgehilfe dem Schmidt jedoch mit, dass Hugo gestorben sei. Schmidt war im September 1945 wegen Krankheit aus der Gefangenschaft entlassen worden und starb im Frühjahr 1947. In demselben Lager war noch ein Mann von Berstadt, namens Artur Windecker, der im Oktober 1945 nach amtlicher Mitteilung an seine Angehörigen auf der Heimreise in Frankfurt an der Oder verstorben ist.

Einen ausführlichen Bericht über Hugo erhielten wir noch durch einen Brief von einem Kameraden aus Berlin, namens Rudolf Jäger. Dieser war als Lazarettgehilfe dort tätig gewesen.

Die Opfer des Krieges 1939 – 1945 von Gettenau

1. Reinhold Ostheim, Bäcker, Untergasse 41
2. Albrecht Hilß, Schmidt, Untergasse 20
3. Rudolf Steffan, Landwirt, Untergasse 18
4. Gustav Ostheim, Landwirt, Untergasse 31
5. Robert Steffan, Landwirt, Untergasse 12
6. Willi Podratz, Arbeiter, Untergasse 9
7. Wilhelm Roos, Landwirt, Untergasse 6
8. Heinrich Kißler, Schmied, Untergasse 5
9. Hugo Weitzel, Untergasse 2
10. Albrecht Ostheim, Landwirt, Ringstraße 12
11. Richard Mogk, Landwirt, Ringstraße 32
12. Hermann Sargk, Bahnarbeiter, Ringstraße 24
13. Richard Rühl, Landwirt, Weidgasse 6
14. Karl Wolf, Geometer, (Stiefbruder des Obigen), Weidgasse 6
15. Willi Eichelmann, Bürogehilfe, Weidgasse 9
16. Albrecht Kriegk, Bäcker, Wiesengasse 4
17. Rolf Stoll, Landwirt, Kirchstraße 3
18. Heinrich Strack, Schlosser, Kirchstraße 8
19. Jakob Strack, Schuhmacher, Kirchstraße 8
20. Hermann Naumann, Metzger, Kirchstraße 12
21. Hugo Stoll, Landwirt, Kirchstraße 14
22. Adolf Weitzel, Landwirt, Kirchstraße 17
23. Richard Steffan, Landwirt, Echzeller Straße 2
24. Walter Wenzel, Landwirt, Echzeller Straße 4
25. Willi Pfeifer, Pfarrer, Echzeller Straße 8
26. Erich Steffan, Korbflechter, Römerstraße 7

Nachwort

Die vorliegende Chronik erhielt ich von meinem Cousin Helmut Stoll (1938 – 2003) von Gettenau in den 1970er Jahren. Helmut Stolls Mutter ist die Schwester meines Vaters Walter Schneider. Er selbst ist ein Enkel des Philipp Stoll.

Die mir überlassenen Unterlagen sind die Kopie einer Abschrift der Chronik. Um eine möglichst gute Lesbarkeit der Chronik zu gewährleisten, habe ich die Vorlagen auf das PC-Programm Word übertragen, wobei ich Wortlaut und Schreibweise, wie vorgefunden, beibehalten habe.

Ich bin meinem Cousin äußerst dankbar dafür, dass er mir den Zugang zu der Chronik ermöglicht hat, gewährt sie doch dem heutigen Leser einen besonders aufschlussreichen Einblick in die Lebensweise, aber auch in die Sorgen und Nöte unserer Vorfahren, wie auch aller Menschen dieser Zeit, in unserer unmittelbaren Heimat.

Ebenso beachtenswert empfinde ich die Sichtweise, wie durch politische Entscheidungen verursachte Ereignisse jener Zeit im Allgemeinen wahrgenommen wurden. Auch ist ein ausgeprägter Patriotismus, besonders vor und zur Zeit des ersten Weltkrieges, unüberhörbar.

Zudem kommt das unermessliche Leid, das die beiden Weltkriege mit sich gebracht haben, in der Chronik deutlich zum Ausdruck, auch wenn die Sprache nicht in der Lage ist, das wahre Ausmaß in Worte zu fassen.

Den drei Chronisten gebührt besondere Wertschätzung, haben sie doch bei all dem entbehrungs- und arbeitsreichen Leben jener Zeit, besonders jenes im 19. Jahrhundert, die Motivation in sich getragen, ihre Wahrnehmungen und Empfindungen für die Nachwelt festzuhalten, damit wir uns heute, die wir ihre Schilderungen lesen, eine gewisse Vorstellung davon machen können, wie es damals war.

Grund-Schwalheim, im Herbst 2012

Werner Schneider

Für die Anmerkungen verwendete Quellen:

DWB   Deutsches Wörterbuch von Jacob und Wilhelm
                        Grimm, Online-Version in http://woerterbuch-
                        netz.de/DWB/

1200 Jahre Echzell   1200 Jahre Echzell 782 – 1982,
                        Ursprung, Epochen und Strukturen einer Dörfer-
                        gemeinschaft,
                        L. B. Ahnert-Verlag, Echzell 1982

Koch   Otto Koch, Aus der Geschichte der Echzeller
                        Schule, Typoskript 1957 – Veröffentlichung
                        folgt

Stoll, Walter   Walter Stoll, Chronik und Familienbuch der
                        Stoll von Echzell,
                        vervielfältigtes Typoskript, Echzell 2000

Zeitfracht Medien GmbH
Ferdinand-Jühlke-Straße 7
99095 Erfurt, Deutschland
produktsicherheit@kolibri360.de